JN226692

図解入門
ビジネス

Shuwasystem Business Guide Book

How-nual

最新 暗号資産の
基本と仕組みが
よ～くわかる本

仕組みから関連法・制度、売買、税務まで

堀　龍市 著

秀和システム

はじめに

　「そもそも暗号資産って何?」と思う人もいるかもしれませんね。そうです、暗号資産は以前、仮想通貨と呼ばれていました。詳しくは本書で紹介しますが、法律(改正資金決済法)によって名称が改称されることになりました。本書では仮想通貨のことを暗号資産で統一します。

　2017年の暗号資産(仮想通貨)バブルから2019年で丸2年が経ち、暗号資産のニュースに触れる機会も増えてきて、世間的な認知度も上がってきたのではないでしょうか?

　暗号資産は投機や投資の対象として注目される一方で、現在は、便利な決済手段としても注目が集まっています。その動きは、2019年10月からスタートした消費税増税に伴うキャッシュレス化が後押しをしているようにも思われます。

　たとえば、千葉県木更津市では、ブロックチェーン技術を応用した地域通貨を導入しています。暗号資産とは異なり、価格変動はありませんが、導入されている技術は同じです。商品やサービスの提供者にとっても、カードリーダーのような機器を設置する必要がなく、QRコードを掲げるだけで導入ができるということで、人気が高く、約300店舗が導入するなど暗号資産の決済技術が大きく取り上げられました。

　ボラティリティ(価格変動率)の高さから、投機や投資の対象としてとらえられることが多かった暗号資産ですが、このように、他の利点も注目されるようになってきているのです。

　ただし、税制度や法律が暗号資産の仕組みに追いついていない部分も多々あります。たとえば現状では、暗号資産に投資して得た利益で、コンビニエンスストアで気軽にパンを購入することはできません。なぜなら現在の日本の税制上、暗号資産を使った時点で利益を確定せねばならず、そのたびに複雑な計算が必要になるからです。暗号資産の運用で上げた利益をそのまま決済手段として使うには、クリアしなければならない問題が多々あります。

　今後はきっと、暗号資産をより身近に活用するための制度が作られていき、暗号資産を取り巻く環境はますます変化していくでしょう。

　そのような状況を受け、本書は暗号資産の入門書として、その「仕組み」から、「関連する法律・制度」「歴史」「種類」「売買方法」「利益計算」「税務」まで、1冊にまとめています。

　本書を読むことで、暗号資産とはいったい何なのかということの全貌が見えてくると思います。本書が暗号資産を理解する一助になれば、著者としてこれほどの喜びはありません。

2019年12月

堀　龍市

図解入門ビジネス
最新 暗号資産 の基本と仕組みが
よ〜くわかる本

CONTENTS

第2章 暗号資産を支える技術

第3章 暗号資産の歴史と代表的なできごと

第4章 暗号資産の種類

第5章 暗号資産に関する法律・制度

第6章 暗号資産の売買

第7章 暗号資産で得た利益の計算

第8章 暗号資産の税務

第9章 ICOの基礎知識

第10章 暗号資産の新潮流

第 1 章

暗号資産の概要

インターネット上で取引ができる通貨「暗号資産」(仮想通貨)。仮想通貨の名前は知っているけれども、暗号資産の名前は知らないという人が多いかもしれません。この章では、仮想通貨から暗号資産に名称が変わった背景から、暗号資産の仕組み、暗号資産を支える技術、暗号資産を取り巻く投資家などのプレーヤー、暗号資産の用途など、今さら聞けない暗号資産の基本的な情報について紹介していきます。暗号資産という金融商品について、ざっくりとした知識を学ぶことができる章になっています。

1-1

暗号資産とは何か

暗号資産とは、インターネット上で流通し、取引ができる資産です。元々は「仮想通貨」と呼ばれていましたが、2019年5月に成立した改正資金決済法で、「暗号資産」と改称することが定められました。

▶▶ そもそも暗号資産とは何か？

暗号資産とは、インターネット上で取引ができる通貨のことを言います。暗号化されたデジタル通貨で、交換するための媒体であり、物理的な実態はありません。主な暗号資産を挙げると、暗号資産の可能性を切り開いたビットコインやイーサリアムなどがあります。

暗号資産は、交換する媒体に特化した通貨であるため、様々な取引に活用することができます。一例を挙げれば、商品やサービスの代金の支払い、日本円やアメリカドルなどの通貨との交換、さらには、自分が持っている暗号資産を電子上で記録して、それを他人に移転することも可能なのです。

私たちが慣れ親しんでいる日本円やアメリカドルといった通貨と、暗号資産の最も大きな違いと言えば、銀行などの金融機関を介さずに通貨のやりとりができるというところです。そのため、個々人の取引に様態に合わせて、自由な取引を行うことができるのです。

▶▶ 「交換所」や「取引所」って何？

前述したように、暗号資産は金融機関を介さない通貨となります。では、どこで暗号資産を手に入れることができるのかというと、「**交換所**」や「**取引所**」と呼ばれる事業者（**暗号資産交換業者**）から直接、入手したり、換金したりします。

暗号資産は、国や中央銀行がその価値を保証する法定通貨ではありません。さらに、暗号資産のほとんどは、その通貨の価値を保証する金などの裏づけ資産を持っていないため、利用者の需給に価値が大きく左右されることになります。

　これらの事業者は実際の取引では、金融機関と同じような役割を果たすことになるので、日本の法律では金融庁財務局の認可を受けて登録した事業者のみが行うことができます。2019年9月現在、登録事業者はわずか20社に過ぎません。

▶▶ 「仮想通貨」から「暗号資産」へ名称変更

　暗号資産は、もともと「仮想通貨」という名称で知られていました。ところが、2018年にアルゼンチンの首都で行われたG20サミット（金融・世界経済に関する首脳会合）において、仮想通貨は通貨としての特性を欠いていると指摘されました。要するに国が価値を保証している法定通貨にはほど遠く、流通体制や管理体制が脆弱すぎると問題になったのです。また、反社会的組織による資金洗浄や課税の逃げ道になることなども問題となっており、その対策としても、通貨とは明確に区別するために、「**暗号資産（Crypto Asset）**」と呼称されることになりました。この国際的な名称変更に合わせて、日本でも「暗号資産」に改称することが、2019年5月に成立した改正資金決済法で定められました。

　しかし、事業者で名称を暗号資産に変えているところはほとんどありません。仮想通貨という名称のほうが、通貨そのものの信用性が高くなるからでしょう。

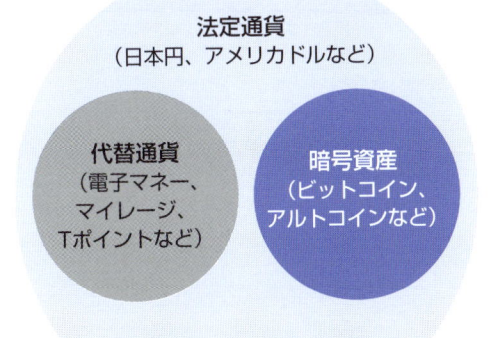

暗号資産とは？

法定通貨
（日本円、アメリカドルなど）

代替通貨
（電子マネー、
マイレージ、
Tポイントなど）

暗号資産
（ビットコイン、
アルトコインなど）

1-2

暗号資産と法定通貨の違い

決済の手段として使うことのできる暗号資産は、円やドルといった法定通貨とは何が違うのでしょうか。ここでは法定通貨とは何かということから、暗号資産と法定通貨の違いについて見ていきたいと思います。

▶▶ 法定通貨とは

日本なら「円」、アメリカなら「ドル」といった具合に、それぞれの国が定めるその国の通貨のことを**法定通貨**と言います。法定と名がついているのは、金銭債務の弁済手段として法的効力（強制通用力）を持っているという意味です。このような法的強制力があるため、取引の決済など金銭債務の弁済がスムーズに行われるのです。つまり、国が価値を裏づけているため信頼性の高い通貨と言えます。

発行はそれぞれの国の中央銀行が管理しており、その時々の経済情勢に合わせて中央銀行が発行数を決め調整しています。日本銀行が発行する日本銀行券、財務省造幣局が発行する貨幣（硬貨）が法定通貨として認められています。また、額面は一定で、日本円であれば10円玉、100円玉、1,000円札、10,000円札などが実体として存在します。

▶▶ 暗号資産と法定通貨の違い

では、暗号資産と法定通貨は一体何が違うのでしょうか。代表的な違いをいくつか挙げてみましょう。

❶実体がない

まず1つ目の違いは、暗号資産には実体が存在しないという点です。法定通貨は前述の通り貨幣が実体として存在しますので、法定通貨のやりとりには実際に貨幣を手渡すことが可能です。それに対し、暗号資産はデータ上にしか存在しませんので、受け渡しの際もあくまでデータ上でのやりとりになります。

❷中央管理者が存在しない

　2つ目の違いとして、暗号資産は非中央集権的な管理が行われており、発行者や代表的な管理者が基本的に存在しません（一部例外あり）。法定通貨は国や中央銀行が通貨の発行や管理を行っているのに対し、暗号資産は基本的に発行者や管理者が存在せず、プログラムによって管理されています。

❸発行量が決まっている

　3つ目の違いとして、暗号資産は発行上限や発行のペースが決まっているという点です。法定通貨は国家が存続する限り発行され続け、その発行ペースはその時々の経済情勢や金融政策によって決まります。一方、暗号資産は、発行上限やその発行ペースがプログラムによって決められています。

❹利用可能な範囲が広い

　4つ目の違いは、暗号資産はほぼ全世界で利用することができるという点です。法定通貨は法律によって決済手段として認められる範囲が定められており、その範囲の外の国（地域）では、それぞれの国の法定通貨に両替をしなければなりません。一方、暗号資産であれば、インターネットにつながっていれば、世界中どこでも決済手段として利用することが可能です。

暗号資産と法定通貨の違い		
	暗号資産	法定通貨
発行主体	なし（一部例外あり）	政府・中央銀行
実体	なし	有（紙幣・硬貨）
発行量	有（BTCは2,100万BTC）	上限なし
価値	需要と供給によって価値は決まる	物価に連動して価値が決まる
取引の場	暗号資産取引所	銀行、証券会社など

1-3

暗号資産と電子マネーの違い

暗号資産の誕生以前から、決済を電子的に行う手段として電子マネーというものが存在しています。暗号資産と電子マネー、この似て非なる両者の違いは一体何なのでしょうか。

▶▶ 電子マネーとは

電子マネーとは、基本的に特定の法定通貨（日本円など）の電子的決済手段のことを指します。利用前にあらかじめお金をチャージすることにより、現金と同じように商品を購入したりサービスを受けることができたりします。

その特徴として、まずは発行主体が存在することが挙げられます。よく耳にする電子マネーで言えば、JR東日本が発行するSuica、イオンリテールが発行するWAON、セブン＆アイHDが発行するnanacoといった具合に、それぞれに必ず発行主体が存在しています。

また電子マネーは価格が固定されており、1,000円をチャージすれば必ず1,000円分の商品を購入したりサービスの提供を受けることができます。他にも電子マネーには発行主体が存在することから、その発行主体となる企業の限られた経済圏でしか利用することができません。

▶▶ 暗号資産と電子マネーの違い

暗号資産と電子マネーの違いをまとめると、次のようになります。

❶発行元・管理主体の有無

暗号資産はインターネット上で発行され中央管理組織は存在しない（一部例外あり）のに対し、電子マネーは鉄道会社や企業といった運営元が存在する。

❷購入方法

暗号資産は取引所や販売所に口座を開設し法定通貨で購入するのに対し、電子

マネーは法定通貨（現金）やクレジットカードによりチャージを行う。

❸使用できる地域

　暗号資産はインターネット上であれば世界中どこでも利用できるのに対し、電子マネーは運営元の経済圏でしか利用することができない。

❹価格変動

　暗号資産は市場のバランスにより相場が変動するのに対し、電子マネーは価格が固定されている。

　暗号資産は、SuicaやEdyに代表される電子マネーと同じように考えられることがありますが、暗号資産と電子マネーには大きな違いがあります。最も大きな違いは、電子マネーは、発行主体があり、発行主体が集中的に管理する仕組みを採用しているのに対して、暗号資産にはそのような中央管理機関が存在していないということでしょう。

　中央管理機関がない状態を支えているのが、ビットコインのブロックチェーンに代表される**分散型台帳システム**です。暗号資産の種類によって利用されている仕組みは異なり、契約をスムーズに実行できる仕組みではイーサリアムが、国際送金ではリップルなどに強みがあります。

暗号資産と電子マネーの比較

	暗号資産	電子マネー
発行元・管理主体	存在しない（一部例外あり）	存在する
購入方法	取引所や販売所に口座を開設し法定通貨で購入する	法定通貨（現金）やクレジットカードによりチャージする
使用できる地域	インターネット上であれば世界中どこでも	運営元の経済圏
価格変動	相場で変動	固定

1-4

暗号資産の仕組み

暗号資産と従来の電子決済システムとの違いは、管理者不在でシステムが成立しているところにあります。それは一体どのような仕組みで成り立っているのでしょうか。

▶▶ 管理者不在の決済システム

従来の電子決済システムに比べ暗号資産が画期的なのは、管理者不在でシステムが成立しているところです。

従来の電子決済システムでは取引を行う人の間に必ず管理者が存在し、システムの運営・管理や取引の証明などをしていました。たとえば、銀行振込であれば銀行、クレジットカードであれば信販会社、電子マネーやポイントシステムであればその運営企業といった形です。そのため取引を行うユーザーは管理者に手数料を支払って決済の承認などといったサービスの提供を受けていましたが、暗号資産はこのような管理者が存在せずとも機能する、世界初の電子決済システムなのです。

▶▶ 暗号資産を構成する人

暗号資産のシステムを構成しているのは、お金のやりとりをするユーザーとシステムを処理する参加者に大別できます（その他は「1-8　暗号資産を取り巻くプレーヤー」を参照）。

ユーザーは電子決済システムとして暗号資産を利用し、それらユーザーの間での取引はリクエストを受けた参加者によって承認されることになります。そしてユーザーは参加者に対して手数料を支払って、決済手続きが完了するという流れです。ちなみに、取引を承認することを**マイニング**と言い、その参加者を**マイナー**と言います（「1-7　マイニングとは」参照）。

▶▶ 大勢の参加者を機能させる仕組み

　管理者のいないシステムにおいて、大勢の参加者が規律を守って機能するために、暗号資産のシステムには一定のルールが設けられています。

　1つ目のルールは、ユーザーの取引記録を公開していることです。暗号資産のシステムでは取引記録はすべて公開されているため、仮に一部の参加者が不正な操作を行ったとしても、どのように不正が行われ、暗号資産がどこに行ったのかといったことをすぐに確認することができるのです。

　2つ目のルールは、善良な参加者には報酬を与えることです。1つ目のルールに加え、暗号資産のシステムでは、正しい処理をした参加者に報酬を与えることにより、不正を行うより正常にシステムを稼働させるほうが得だという心理が働き、参加者の不正防止効果を生んでいます。

管理者不在のシステム

従来の電子決済の流れ

手数料　　　　　　管理者

暗号資産のシステムを構成する「ユーザー」と「参加者（マイナー）」

ユーザー　　　　　参加者（マイナー）

管理者不在のシステム

1-5
不正を防止する仕組み

暗号資産は、そのシステムの参加者みんなで管理をしているため、設備さえ整えれば誰でも参加することが可能です。このような中央管理者のいない状態で、暗号資産はどのように不正を防止しているのでしょうか。

▶▶ 管理者がいなくても不正を防ぐ

ブロックチェーンでは、取引をデータ化したブロックを参加者が作成・検閲し、それらをつないでいくことで帳簿として成り立つようになっています。銀行の帳簿であれば銀行（中央管理者）が不正が行われていないかを監視しているのですが、そのような中央管理者のいないブロックチェーンでは、先ほど説明した一連の流れの中のブロックの作成ごとに行われる、参加者による検閲によって不正を防止しています。

仮にある参加者が作成したブロックに他の参加者の検閲により不正が見つかった場合、そのブロックは破棄されるようになっています。この仕組みを実施するため、ブロックチェーンは世界に公開されているのです。

▶▶ すべての取引が公開されている

ブロックチェーンはその取引記録が全世界に公開されていて、誰でもネット上から確認することができますが、ビットコインの場合、ブロックチェーンには個人情報と紐づかないビットコインアドレスがブロックに記載されるため、取引記録が公開されていても個人情報が知られてしまうことはありません。

たとえば、AからBへ1BTCを送金した場合、ブロックに記録されるのはビットコインアドレスAからビットコインアドレスBへ1BTC送金という内容で、ビットコインアドレスAは個人情報とは紐づいていないため、Aの情報が漏れることはありません。むしろ、取引が時系列でオープンになっていることにより、前述の通り、不正を防ぐための役割を果たしていると言えるでしょう。

▶▶ ブロックの改ざんができない仕組み

ブロックチェーンはすべての取引が世界に公開されていて、参加者同士が検閲をする仕組みによって不正を防いでいますが、過去のブロックが改ざんされない理由はまた別にあります。その理由こそこの仕組みがブロック「チェーン」と呼ばれる所以です。実は参加者がブロックを作成するときに、取引データ以外にも、1つ前のブロックに存在するデータの一部を、作成するブロックに埋め込んでいるのです。

つまり、ブロックチェーンはすべてのブロックがその1つ前のブロックデータの一部を引き継いで作成されることにより、つながれていることになります。したがって、10個前のブロックデータを改ざんしようとした場合、それよりも新しい9個のブロックすべてを改ざんしなければなりません。またその9個のブロックを改ざんする間にも新しいブロックは次々と作成されていくため、事実上改ざんはできないと言われています。

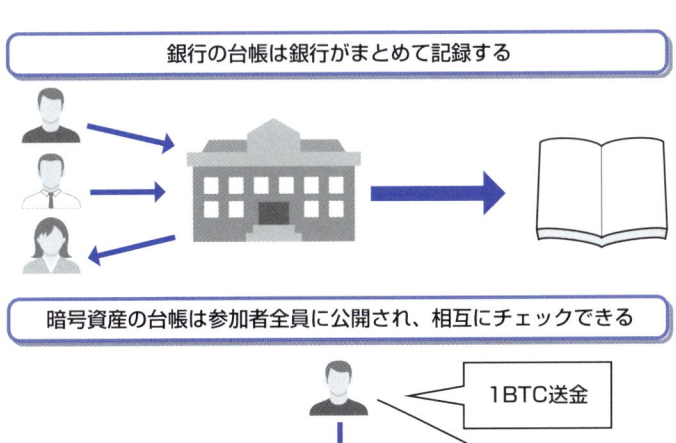

暗号資産の取引内容は誰でも確認できる

銀行の台帳は銀行がまとめて記録する

暗号資産の台帳は参加者全員に公開され、相互にチェックできる

1BTC送金

0.1BTC送金

1-6
暗号資産の価格が決まる仕組み

暗号資産と法定通貨では価格の決まり方が違います。法定通貨は中央銀行によって管理されているため、国の信用度でその価値が上下し価格が決まります。では、中央銀行のような管理者のいない暗号資産の価格はどのようにして決まるのでしょう。

▶▶ 暗号資産の価格の決まり方

法定通貨は中央銀行によって管理され、それぞれの国の信用度によって価格が決まるため、経済指標や世界情勢の影響を大きく受けます。また、株は発行している企業の業績変動などに影響を受け、価格が決まります。一方で、暗号資産はそういったものを持たないただのデータのため、その価格は完全に**需要と供給のバランス**によって決まります。

▶▶ 価格に影響を及ぼす要素

暗号資産の価格は完全に需要と供給のバランスで決まるのですが、その価格に影響を及ぼす要素があります。それはそれぞれの暗号資産の信用度や知名度、将来性などです。

中央銀行のような管理者のない暗号資産にとって、暗号資産自身の信用度は非常に重要な要素です。ある通貨が価値を保とうとすれば、投資をする人たちの信頼を確保する必要があります。今後価値が上昇するか、もしくは暴落する心配のない暗号資産は買われ、そうでない暗号資産は売られるといった形です。

他にも暗号資産の知名度は、これから暗号資産投資を始めようとする人たちの大きな判断材料となり、暗号資産の需要と供給のバランスに影響を与えますし、将来性が高ければ今後の価格上昇を期待してその暗号資産の需要が高まるため、これも価格に大きな影響を及ぼします。

▶▶ 価格はなぜ上下する

暗号資産の価格は需給バランスで決まり、その需給バランスに信用度・知名度・将来性などが影響を及ぼすことにより価格が上下することになります。

もう1つ価格が上下する理由に、**通貨の発行枚数が決まっている**ことが挙げられます。

法定通貨は政府や中央銀行によって発行量を調整することができますが、暗号資産はシステムによって発行枚数が決まっています。発行枚数が決まっていると、発行上限に近づくにつれ通貨の希少価値が高まり、その希少価値に期待した人たちによって需給バランスが変わり、価格が上下することになります。

暗号資産の価格変動の仕組み

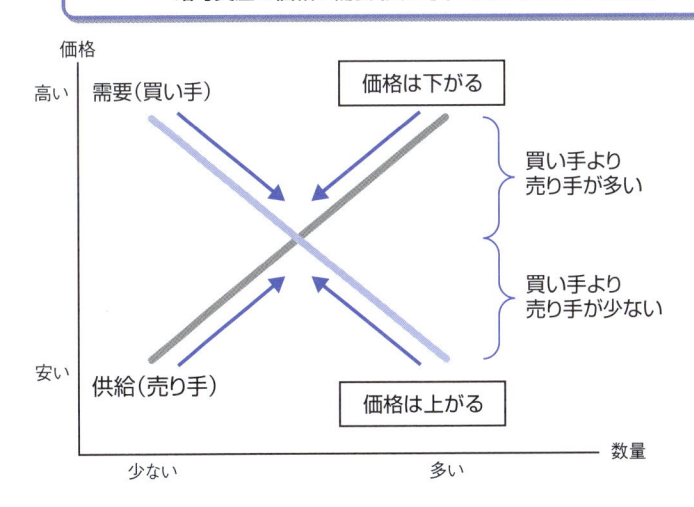

暗号資産の価格と需要（買い手）と供給（売り手）の関係

1-7
マイニングとは

マイニングは、暗号資産の決済システムを正常に動作させるために必要不可欠な作業です。では、マイニングとは具体的にどのような作業で、マイニング参加者はなぜその作業に参加しているのでしょう。

▶▶ マイニングとは

暗号資産は、一定期間ごとにすべての取引を取引台帳（**ブロックチェーン**）に記録しますが、ブロックチェーンに不正なく正しい取引の実態が記録されるように、参加者はブロックを作り出し、他の人の作成したブロックを検証しています。この一連の作業を**マイニング**と言います。

つまり、マイニングとは「ブロックの作成」と「ブロックの検証」を行うことで、その参加者を**マイナー**と呼びます。わかりやすくたとえると、私たちが銀行で振込をする場合、銀行がその取引が正しく行われているかを検証し、取引の記録として記帳を行います。しかし、暗号資産には銀行のような管理者がいないため、マイニング参加者がブロックチェーンという取引台帳に記帳し、それを公開することで不正がないことを検証する、全員が全員を監視するネットワークで取引を成立させているのです。

▶▶ なぜマイニングに参加するのか

マイニングを行うためには、設備（演算のためのコンピュータ）と電力が必要ですので、それなりのコストが必要になります。では、なぜコストをかけてまでもマイニングに参加するのでしょうか。その理由は、一言で言えば報酬がもらえるからです。

マイニングでブロックの作成に成功すると、報酬に暗号資産がもらえます。ちなみにビットコインの場合、もらえる報酬はブロックに埋め込んだ取引の手数料と新規発行暗号資産の2種類です。ブロックの作成に成功するのは演算の答えを最も早

く出したマイナーのみのため、世界のマイナー達は競ってマイニングを行い、結果、マイナーによって暗号資産取引は正常に稼働させられていると言えます。

なお、ビットコインの場合は発行上限が決まっているため、いずれビットコインは新規発行されなくなってしまいますが、取引手数料が報酬となるため、マイニング自体は継続されると言われています。

▶▶ ソロマイニングとプールマイニング

マイニングには個人で行う**ソロマイニング**と、マイニングをするために集まった集団（組織や企業）に参加する**プールマイニング**の、大きく分けて2種類の方法があります。ビットコインが生まれた当初は、個人で行うソロマイニングが主流でした。しかし、マイニングには大規模な高性能コンピュータが必要な上、現在ではマイニング専用マシンを大量に使って行われるのが当たり前のため、個人のコンピュータでは太刀打ちできず、現在ではプールマイニングが主流となっています。

プールマイニングでは組織や企業といったグループでマイニングを行い、誰かがマイニングに成功すると報酬がグループ内でシェアされるといった仕組みです。

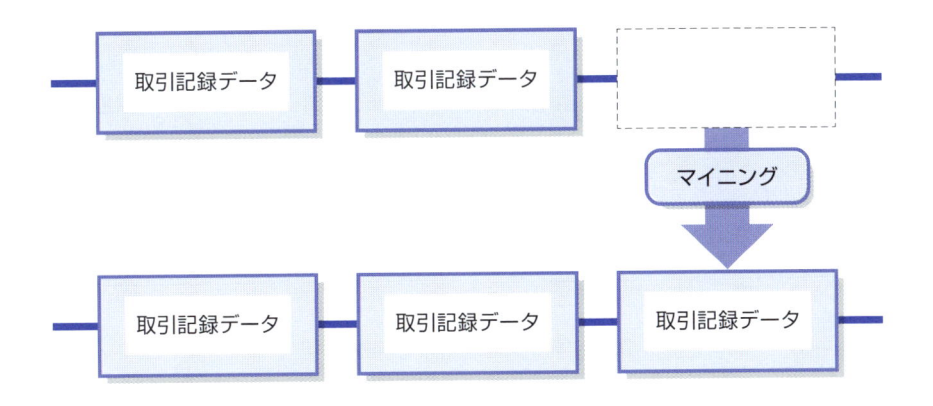

マイニングとは

「マイニング」とは、新たなブロックを生成し、
その報酬として暗号資産を手に入れることです。

1-8
暗号資産を取り巻くプレーヤー

2009年のビットコイン登場により暗号資産ビジネスが生まれました。当初はそれほど注目されていませんでしたが、最近では暗号資産を取り巻く様々なプレーヤーが登場しています。一体どのようなプレーヤーがいるのでしょうか。

▶▶ ブロックチェーン業界の仕事と暗号資産のプレーヤー

暗号資産・ブロックチェーン業界に携わる人たちには、エンジニア、ビジネスデベロップメント、広報、営業など様々なポジションがあります。実際、暗号資産・ブロックチェーンを扱う企業ではICOコンサルタントやエンジニアなどが募集されていたり、取引所ではウォレットなどを扱うエンジニアやデザイナー、リサーチャー、内部統制関連の職種などが募集されていたりと、様々な形で多くの人が暗号資産やブロックチェーン業界に携わっていることがわかると思います。

暗号資産・ブロックチェーンには暗号技術の他にも経済学や法律など専門性の高い分野がそれぞれ非常に深く関わっており、また、あらゆる面で目まぐるしく状況が変わる動きの速い業界でもあるため、それに関わるプレーヤーの形も業界の動きと共にどんどん変化してきましたし、これからも変化していくのかも知れません。

暗号資産のシステムを形作る主要なプレーヤーとしては、**マイナー（採掘者）、暗号資産交換業者、ユーザー、暗号資産の開発者**が挙げられます。その他にも様々な企業や団体が加わり暗号資産の市場は急速に拡大しています。

▶▶ マイナーとは

マイナーとはマイニング（採掘）をする人という意味です。マイニングとは、1-7で解説したように暗号資産の送受金データをブロックチェーンに記録するための処理を行うことで、この処理をしている人たちのことをマイナー（採掘者）と呼んでいます。ちなみに、この取引を検証する作業が鉱山から鉱石を採掘する行為

と似ているため、マイニングやマイナーという呼び名がついたと言われています。

　暗号資産が登場した頃は、個人のパソコンでマイニングをして報酬を得ることも可能だったため、マイナーとは個人でマイニングを行っている人といったイメージでした。しかし、暗号資産取引が世の中に広がっていくにつれ、個人のパソコンではマイニングによって報酬を得ることが難しくなり、現在ではマイニングは個人が行うものではなく、マイニング専用マシンを集めてそれを専門に行う企業がマイニングを行っているといったイメージです。

　今ではASICと呼ばれる、マイニング専用のハードウェアを何千台も集めたマイニングファームと呼ばれる組織でマイニングが行われています。**マイニングファーム**への総投資額は数千億円にものぼると言われており、とても個人が気軽にマイニングを行える環境ではなくなってきています。そのため、資金力のある企業や、複数人で協力してマイニングを行うプールマイニングという新たな環境も誕生しています。

　実は、マイナーには暗号資産の取引を記録するということ以外にも大切な役割があり、その1つが暗号資産のシステムを動かすルールの変更です。暗号資産のシステムに問題がある場合には、そのルールを変更することによって問題を解消するのですが、そのためにはマイナーからの承認を得なければなりません。ちなみにビットコインのハードフォークによりビットコインキャッシュが生まれたのは、ビットコインのある問題の解決方法を巡り、マイナーの間で意見の対立が起こったためとされています。

▶▶ 暗号資産交換業者とは

　暗号資産交換業者とは、その名の通り、主に暗号資産の交換を取り扱う業者のことです。暗号資産交換業者は、証券取引所のように暗号資産の売り手と買い手を結んだり（取引所）、交換業者自身が保有する暗号資産の売買（販売所）などを行っています。しかし、それらを行っているすべての業者が暗号資産交換業者を名乗れるかというとそうではありません。2017年4月に施行された改正資金決済法により、暗号資産交換業者は金融庁への登録が義務づけられたのです（暗号資産交換事業者登録制については「6-6　信用度が高い登録業者を選ぶ」を参照）。

　資金決済法では、暗号資産交換業を次のように定義しています。

> この法律において「暗号資産交換業」とは、次に掲げる行為のいずれかを業として行うことをいい、「暗号資産の交換等」とは、第一号及び第二号に掲げる行為をいう。
>
> 一　暗号資産の売買又は他の暗号資産との交換
>
> 二　前号に掲げる行為の媒介、取次ぎ又は代理
>
> 三　その行う前二号に掲げる行為に関して、利用者の金銭又は暗号資産の管理をすること。
>
> 【資金決済に関する法律　第二条第7項より】

　つまり、暗号資産の交換所や販売所で顧客が暗号資産を購入したり、ある暗号資産を他の暗号資産に交換する行為、またそれらを仲介する行為を業務として行うことが該当します。

　現状、暗号資産交換業の認可を行う金融庁の審査は厳しくなっており、中には取引所を閉鎖し、申請を取り下げた業者も多く存在するようです。そのため2019年9月現在の登録業者数は計20社であり、まだまだ多いとは言えませんが、申請を検討している企業も多いことから、今後はより安心で安全な暗号資産交換業者が増えるだろうとも言われています。

▶▶ 暗号資産ユーザー

　一般社団法人日本仮想通貨ビジネス協会が2018年4月10日に発表した情報によると、日本国内での暗号資産の取引人数（現物取引）は約350万人で、その中心層は20代から40代までで全体の約90%を占めているとされています。

　現在のところ、暗号資産ユーザーの主な利用目的は、投機・投資と推測されますが、送金手段として利用されることも多いようです。特に海外送金をよく行う人にとってはその手軽さや手数料の安さは非常に魅力的です。また、今後は決済手段としての利用も増えるかもしれません。

▶▶ 暗号資産の開発者

　それぞれの暗号資産にはそれぞれの開発者が存在します。代表的な暗号資産の

開発者について紹介します。

◆ビットコインの開発者＝サトシ・ナカモト

　サトシ・ナカモトはビットコインの開発者であると同時に、ブロックチェーンの発案者でもあります。名前からすると日本人のように思うかもしれませんが、実はサトシ・ナカモトの姿、年齢、性別、国籍など、そのすべてが謎に包まれています。

　ビットコインは、法定通貨のように中央管理者が存在せず、早くて安全な取引ができる決済システムを目的として開発されました。

◆イーサリアムの開発者＝ヴィタリック・ブテリン

　ヴィタリック・ブテリンは1994年、ロシアでコンピュータアナリストの父親とビジネスアナリストの母親の間に生まれました。6歳のときに家族とカナダに移住しており、小学生の頃にはすでに数学、経済学、プログラミングに秀でていたと言われています。

　ヴィタリックがイーサリアムを開発したきっかけは、自身が世界中を周り様々な暗号資産プロジェクトに関わる中で、特定の分野に特化するのではなく、あらゆる目的のために利用できるプラットフォームを作りたいと考えたことです。そのためイーサリアムはビットコインのような決済を目的とする暗号資産ではなく、開発のためのプラットフォームとして生まれました。

◆ライトコインの開発者＝チャーリー・リー

　チャーリー・リーはコートジボワール生まれのアメリカ国籍を持つ中国人です。13歳のとき、家族とともにアメリカに移住し、高校卒業後はマサチューセッツ工科大学に進学、コンピューター・サイエンスを専攻し、学士号と修士号を取得しました。その後Googleのエンジニアとして6年間働くのですが、その間にビットコインとブロックチェーン技術に深い興味を持ち、ライトコインを開発しました。

　チャーリー・リーは、「ビットコインが金なら、ライトコインは銀を目指す」と発言しており、基本的な通貨の仕組みはビットコインとあまり変わりませんが、ライトコインはビットコインよりも希少性が低く、発行総枚数や流通量が多い点が特徴です。

▶▶ その他のプレーヤー

　その他のプレーヤーには、**ウォレットサービス事業者**と**決済サービス事業者**が挙げられます。

　暗号資産のウォレットとは保有している通貨を保管するためのもので、その機能やサービスの提供を行うのがウォレットサービス事業者です。

　そもそも暗号資産における取引所とウォレットでは、その役割が違います。取引所は暗号資産を売買したい人が集まって取引を行う場であるのに対し、ウォレットは自身の暗号資産を保管する場所です。またウォレットは暗号資産の保管だけでなく、ウォレットから別のウォレットへ暗号資産を送金することもできます。ウォレットサービス事業者により、対応している暗号資産や機能面の違い、セキュリティや信頼性などに差がありますので、比較検討し自分に合ったウォレットサービスを利用するようにしましょう。

　決済サービス事業者は、クレジットカードの信販会社のように決済サービスを行う事業者です。店舗などで、たとえばビットコイン決済が行われたときに、自動的にビットコインを円に換金し、店舗に支払います。日本ではビットフライヤーが、ビックカメラ全店にサービスを提供しています。

　このように決済サービス事業者を利用する背景には、決済されたビットコイン（売上）を日本円で受け取ることにより、ビットコインの価格変動リスクを回避したり、導入も手軽で、手数料はクレジットカードよりも安いなどといった特徴があるとも言われています。

　この他にも暗号資産、ひいてはブロックチェーン技術の分野において、関連する様々なソフトウェアやハードウェアを開発・販売する企業や、科学技術だけでなく多方面から学術研究を行う研究者、法律・会計・税務などの分野でサポートを行う専門家など、市場の拡大に伴って様々なプレーヤーが登場しています。

暗号資産を取り巻くプレーヤー	
マイナー（採掘者）	採掘（マイニング）を行う人あるいは組織を指す。現在は専用のハードウェアを何千台も束にしたファーム（工場）と呼ばれる組織でないと、ほぼマイニングはできない。マイニング・ファームは10社程度でシェアの90％以上を占めており、多くは電気代・初期投資の安い中国企業となっている
暗号資産交換業者	暗号資産の売り手と買い手を結ぶ「取引所」と、交換業者自身が保有する暗号資産の売買を行う「販売所」がある 2017年4月に施行された改正資金決済法により、暗号資産交換業者は金融庁への登録が義務づけられた
ユーザー	国内での暗号資産の取引人数（現物取引）は約350万人（2018年4月10日現在）
暗号資産の開発者	サトシ・ナカモト（ビットコインの開発者）、ヴィタリック・ブテリン（イーサリアムの開発者）、チャーリー・リー（ライトコインの開発者）など
その他	ウォレットサービス事業者、決済サービス事業者など

　マイニングを行っているマイナー、暗号資産交換業者、暗号資産を取引するユーザー、暗号資産の開発者など様々なプレーヤーが暗号資産を支えています。

　暗号資産への注目度が集まっていく中で、さらに暗号資産のプレーヤーは増えていくことが予測されます。特にリブラ（Libra）（「10-1　リブラ（Libra）」参照）が容認されれば、全世界に約20億人いると言われるフェイスブックユーザーが暗号資産のユーザーになる可能性もあります。

　リブラ（Libra）は、大手クレジットカード会社やホテル予約サイトの運営会社、自動車相乗りサービスのウーバーなどとも組んで、「世界でどこでも使えるデジタル通貨を作る」ということを表明しています。今後、さらに暗号資産を取り巻くプレーヤーは増えていくと考えられています。

1-9

暗号資産の用途

暗号資産はそのボラティリティ（価格変動の度合い）の高さから投機・投資の対象として見られがちですが、用途はそれだけではありません。暗号資産の用途にはどのようなものがあるのか、投機・投資も含めて見ていきましょう。

▶▶ 暗号資産の利用目的

暗号資産のすべてに価格がついているわけではなく、中にはまったく価格のついていない暗号資産もたくさんあります。しかし、価格のない暗号資産に存在価値がないかというとそうではありません。暗号資産は確かに決済システムとして開発されたものですが、その技術を通貨としての機能以外の様々な分野で利用しようという理由から、様々な種類の暗号資産が生まれています。

▶▶ 種類別に異なる利用目的の違い

それぞれの暗号資産は、技術面や用途によって大きく利用目的が異なります。第4章で代表的な暗号資産をいくつか紹介していますが、イーサリアムやライトコインは後発であるがゆえに、ビットコインに比べると技術面において優れていると言えます。

具体的には、取引承認までの時間がビットコインでは10分かかるところを、ライトコインでは約2.5分で行うことができるのです。またビットコインは1ブロックに書き込めるデータ容量が1MBであるのに対し、イーサリアムやライトコインではそれよりも多くの容量を書き込めるよう改良されています。

用途面においては、ビットコインが投機・投資や決済目的で利用されることが大半であるのに対し、イーサリアムでは**スマートコントラクト**機能を用いて契約の自動実行をするための用途に利用されています。

▶▶ 暗号資産の用途

　このように、暗号資産には種類によって利用用途があります。もともとは電子決済システムですので、店舗やインターネット上での決済に利用されているのはもちろんのこと、その価格変動や将来性から投機投資の対象としての用途もあります。

　他にも、もう一つ忘れてはならない用途に、アプリケーション開発があります。イーサリアムのように、開発のためのプラットフォームとして暗号資産を利用することにより、従来とは違った特徴のあるアプリケーションの開発が進んでいます。

暗号資産の主要な用途：スマートコントラクト

スマートコントラクト

事前に定められたルールに従って安全に取引を実行できるシステム

全自動で安全に取引を行う

| 契約の事前定義 | ➡ | 条件を満たす行動発生 | ➡ | 契約自動執行 | ➡ | 決済 |

ブロックチェーンで管理

定義した契約条件をブロックチェーンで管理することで改ざんの心配がない

1-10
投機・投資の対象としての暗号資産

暗号資産はその値動きが激しいことや、暗号資産で大きな資産を築き上げた「億り人」と呼ばれる投資家が話題になったことで、投機・投資の対象として見られるようになりました。投機・投資の対象としての暗号資産にはどのような特徴があるのでしょうか。

▶▶ 注目を浴びた暗号資産投資

2016年夏、この頃からビットコインに投資をする人が徐々に増えていったと言われています。当時は1BTC=5万円程度の相場だったので、お試しのような軽い気持ちでとりあえず購入したという人も多かったのかもしれません。ちょうど同時期の2016年7月には、三菱東京UFJ銀行（当時）と世界最大の暗号資産取引所を運営する米コインベースが資本業務提携を正式に発表したことが報じられ、ブームは徐々にヒートアップ、2017年には暗号資産バブルが到来したのです。

▶▶ 暗号資産投資を始めるハードルは高くない？

暗号資産投資と聞くとなんだかハードルが高そうと感じる人も多いかもしれませんが、投資をすること自体は実はとても簡単です。まずは売買をする暗号資産取引所にアカウントを作りさえすれば、すぐにでも取引を始めることができます。

具体的な口座開設方法については「6-9　取引口座を開く」で解説していますが、インターネットが使える人であれば、画面の指示通りに進めるだけですので、それほど難しい作業ではありません。

さらに、株などと違って比較的少額から投資できることも、暗号資産投資を始めるハードルを下げていると言えます。暗号資産には、取引所により異なりますが、購入できる最小単位（**最低取引単位**）があります。たとえばビットコインの最低取引単位が0.001BTCで、取引価格が100万円だったとすると、1,000円から投資ができます。また、売買手数料も株など比べて低いことが多く、低コストな上、

リターンが大きいといったイメージが強いと思われます。

　他には、定期的に一定金額ずつコインを買いつけて資産を積み立てていく暗号資産の積立投資もあり、暗号資産を利用して様々な方法で資産運用を行うことが可能です。

▶▶ リスク管理はしっかりと

　暗号資産投資は、あくまで投資であるということをしっかりと認識しなければなりません。投資ですので当然預金のような元本の保証はなく、運用に失敗すれば資産が大きくマイナスになる可能性もあります。

　また、暗号資産は値動きがとても大きく、そのスピードもとても速いのが特徴です。それだけ大きくリターンを得ることができますが、逆に言えば一瞬にして大きな損失を被るリスクもあります。暗号資産の相場は完全に需給バランスによって決まるため、コインによっては一部のプレーヤーに相場が管理されているという噂もあるほどです。初めて暗号資産投資を行う場合には、はじめに自分の中での限度額を設定しておくなどのリスク管理をしっかりとしておく必要があるでしょう。

暗号資産の値動きは大きい

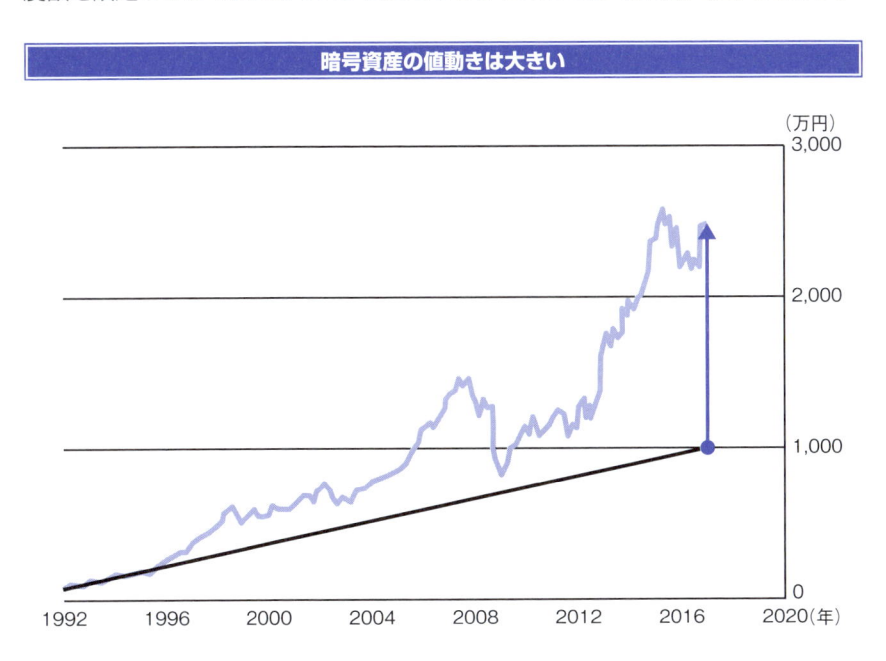

1-11

決済手段としての暗号資産

決済手段は暗号資産の用途の中でも重要なもので、ビットコインは暗号資産の中でも電子決済のためのシステムです。ここではビットコインは実際に決済手段としてどのように利用されているのかを見てみましょう。

▶▶ 決済手段としてのビットコイン

ビットコインでの支払いに対応しているお店では、現金やクレジットカードのようにビットコインを使った決済が可能です。購入者は事前にビットコイン決済に対応したウォレットを作成し、ビットコインを送金してさえおけば、ビットコインで支払いたい旨を店員に伝えるだけで、QRコードなどを使って簡単に支払いをすることができます。

その際に支払うのは決済時のレートで換算された代金相当額のビットコインです。たとえば、1BTC＝100万円のときに1万円の商品を購入するには0.01BTCをお店に支払うことになります。ちなみに店舗側から見ると、ビットコインの決済には10分以上の時間がかかることや価格変動リスクが想定されますが、多くは暗号資産決済サービスを提供する業者を利用しているため即時決済が可能で、決済時からしばらくの間レートが固定されるなどといった価格変動リスクに対する対策がとられています。

▶▶ ビットコイン決済のメリット

ビットコイン決済のメリットとしては、決済にかかる時間の短縮が挙げられます。ビットコインをはじめとする暗号資産を法定通貨に換えてから使うには、それなりの手間と時間がかかります。その点、ビットコイン決済はビットコインのまま決済することができるため、余計な時間や手間がかかりません。

また、ビットコインは全世界共通なため、海外でビットコイン決済を利用すれば両替をする時間や手間を減らせます。ビットコイン決済を使えば、時間や手間だけ

でなく法定通貨に換金する際に必要な手数料を抑えることができる点もメリットと言えるでしょう。

▶▶ ビットコイン決済のデメリット

ビットコイン決済のデメリットは、価格変動が激しいことでしょう。暗号資産は法定通貨に比べると価格変動が激しく、ビットコインも例外ではありません。

1日に10%以上乱高下することもあり、100万円の価値があったビットコインが翌日には90万円に下がってしまうといったこともあります。その場合、決済で使える金額は、当然90万円になってしまいます。

他には、ビットコイン決済ができる店舗が少ないこともデメリットとして挙げられます。日本ではビックカメラやヤマダ電機、H.I.S.などの他、都心のお店の中にはビットコイン決済が利用可能な店舗もありますが、まだまだ対応している店舗は少ないと言わざるを得ません。

しかし、このデメリットについては、今後キャッシュレス化が進みビットコイン決済対応の店舗が増えていけば、いずれ解消されるかもしれません。

ビットコインでの決済が可能な小売店・通販サイト（例）	
実店舗	ビックカメラ
	メガネスーパー
	ソフマップ（一部店舗）
	コジマ（一部店舗）
	H.I.S.
通販サイト	DMM.com
	ビットコインモール

1-12
送金手段としての暗号資産

暗号資産は送金手段としても非常に注目を集めており、暗号資産の役割の中の1つの重要な用途と言えます。では、円やドルといった法定通貨を使った送金に比べ、暗号資産を使った送金にはどのようなメリットがあるのでしょうか。

▶▶ 暗号資産の送金とは

暗号資産の送金とは、具体的には所有しているウォレットから別のウォレットへ暗号資産を送ることを指します。たとえば、次のようなケースが考えられます。

- 自分の保有している暗号資産を取引所からウォレットへ移動させる
- Aさんの所有するウォレットからBさんの所有するウォレットへ暗号資産を送る

複数の取引所に口座を持っていたり複数のウォレットを所有している人にとっては、暗号資産を送金する機会はそう珍しいことではないかもしれません。

▶▶ 暗号資産で送金をするメリット

暗号資産で送金をするメリットは、送金にかかる手数料が抑えられることにあります。法定通貨を送金する場合には各銀行により定められた送金手数料がかかります。しかし、暗号資産は基本的に中央管理者のいない**P2Pネットワーク**（「2-1 暗号化技術」参照）によって送金されるため、中央管理者（銀行や銀行のサーバー）がない分、それらにかかるコストが不要となり送金手数料をより安く抑えることができます。また送金手数料が国内・海外問わず同じなため、特に海外送金の場合にはメリットがあると言えるでしょう。

海外送金に関しては、かかる時間が短いことも暗号資産による送金のメリットです。法定通貨を銀行経由で海外送金する場合、一般的に1日〜4日程度の日数が必要になることが多いですが、暗号資産であれば数秒〜数十分で完了します。

▶▶ 暗号資産で送金をするデメリット

暗号資産を送金する際のデメリットとして考えられるのは、なんと言っても送金ミスでしょう。暗号資産を送金する際には相手先の送金先アドレスを入力しますが、このアドレスが複雑で、たとえばビットコインアドレスの場合、1 または 3 から始まる 27 〜 34 文字の英数字から構成されています。

> ビットコインアドレスの例：1BitQEtcoxAnViwUYX9k6KupmmsEfWrGnr

さすがに送金先アドレスを手入力している人は少ないかもしれませんが、万が一、手入力をされているようであればアドレスの入力ミスには細心の注意を払う必要がありますし、コピー＆ペーストを行ったとしても貼り付け間違いによる送金ミスの可能性はゼロではありません。基本的なことですが、送金先アドレスの入力ミスは意外に経験される方の多いミスの1つです。

他には、送金詰まりによりいつもよりも時間がかかってしまうことがあります。特定の暗号資産の取引量が増えると取引の承認処理が間に合わず、着金が大幅に遅れることがあります。この状態を送金詰まりと言いますが、これを解消するには処理速度の速い別の暗号資産を利用するか、マイナーに送金手数料を多めに支払って優先的に処理をしてもらうといったことが考えられます。

送金例：ビットコインを使ったチケット代金の集金

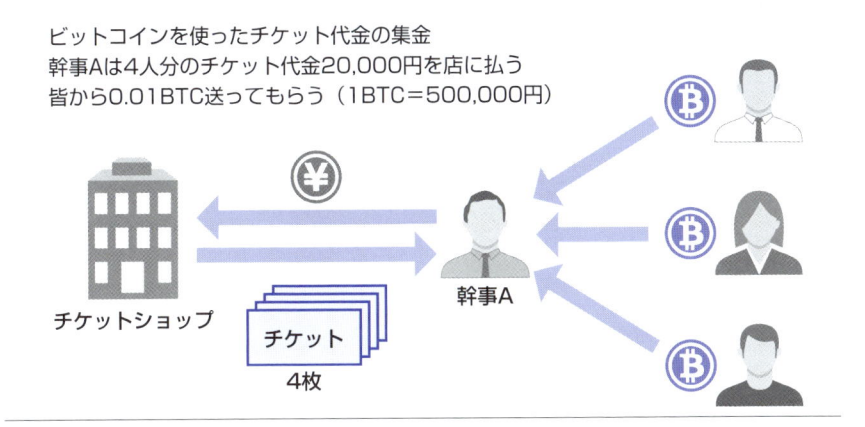

ビットコインを使ったチケット代金の集金
幹事Aは4人分のチケット代金20,000円を店に払う
皆から0.01BTC送ってもらう（1BTC＝500,000円）

チケットショップ　　チケット　4枚　　幹事A

1-13 プラットフォーム型暗号資産

暗号資産には、イーサリアムをはじめとする開発のためのプラットフォーム型としての用途があります。プラットフォーム型の暗号資産が秘める可能性には、一体どのようなものがあるのでしょうか。

▶▶ プラットフォーム型暗号資産が秘める可能性

プラットフォーム型の暗号資産は、世の中の様々な分野で新しいサービスを生み出すために活用されています。プラットフォームを辞書で引くと土台や基盤といった意味がありますが、まさにプラットフォーム型の暗号資産とは、新しいサービスの土台となる暗号資産なのです。これらのプラットフォームを利用することにより、最初からすべてを準備することなく、世界中で利用されている暗号資産やブロックチェーンの技術を使用することができます。

たとえるなら、WindowsやMacOSはパソコンのプラットフォームです。このプラットフォームを利用して、WordやExcelといったアプリケーションが動いているのです。もう1つ別の例としては、FacebookやTwitterはSNSのプラットフォームと言えます。そのプラットフォームを利用して、個人や企業がSNS上でイベント情報などを投稿し、交流を行っているのです。

▶▶ プラットフォーム型暗号資産の特徴

プラットフォーム型の暗号資産とは、基盤となるシステムとしてトークンの発行やアプリケーションの動作ができる暗号資産のことで、その特徴として**分散型アプリケーション（DApps）**が構築できることがあります。

分散型アプリケーションとは、ブロックチェーン技術を用いた非中央集権的なアプリケーションのことで、ブロックチェーン上で複数のコンピューターで相互管理され、中央管理者がいなくても自動で動作することができます。分散型アプリケーション（DApps）は、透明性が高く中央集権的に管理されない（管理主体に意図

的に操作されない）ところが相性がよいとされるゲームの分野や、秘密鍵を取引所に預けることなく自分で管理することができるためハッキングや破綻リスクがないと言われる分散型取引所（DEX）、パブリックなブロックチェーンに記録したデータは改ざんすることができないにも関わらず誰でも閲覧することができるという性質を利用したデジタルIDサービスなどで活用されています。

　たとえば、プラットフォーム型暗号資産の代表格であるイーサリアムの場合は、ブロックチェーン上に、送金記録だけでなく、契約の情報も同時に記録することができます。

　また、イーサリアムのプラットフォームを活用して開発されたTRONという暗号資産は、個人のSNSでの活用を想定して作られています。このため、ユーザーが無料でコンテンツを配信できるだけでなく、ユーザーに独自にトークンを報酬として提供する仕組みを構築しています。

　このように、プラットフォームを利用して通貨と一緒に様々なサービスを提供できるというのが、プラットフォーム型暗号資産の特徴です。

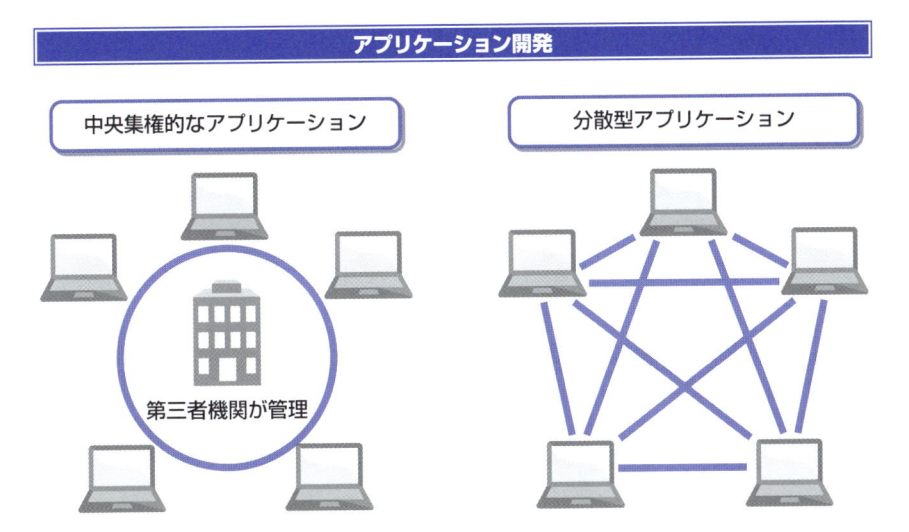

アプリケーション開発

中央集権的なアプリケーション

第三者機関が管理

分散型アプリケーション

1-14

暗号資産に関するリスク

何かとニュースで話題になることも多い暗号資産ですが、中にはマイナスな情報ばかりが目について、暗号資産は危険だと思っている人も多いかもしれません。そこで暗号資産に関するリスクを確認し、安全に取引をするポイントを確認しましょう。

▶▶ 暗号資産は危険なのか？

最近ニュースでも暗号資産が取り上げられることが増えてきました。なんとなく暗号資産に興味があるけれど、よくないニュースも耳にするためなかなか一歩を踏み出せないでいるといった人も多いのではないでしょうか。

投資である以上、確かに100%絶対に安全ということはありませんが、それは株や先物などでも同じことが言えます。つまり、暗号資産取引の特徴やリスクをしっかりと理解し、そのリスクを最小限に抑えるような対策をとることが重要なのではないでしょうか。

▶▶ どのようなリスクが想定されるの？

まず、投資なので当然損をすることがあるということを認識しておきましょう。暗号資産は株や為替に比べて**価格変動が激しい**です。これは視点を変えれば大きな利益を生むことができるメリットでもあるため、一概にリスクとは言えないかもしれませんが、少なくとも初心者にとってはリスクととらえてよいでしょう。

次に、**送金ミス**によるリスクが考えられます。暗号資産は安い手数料で世界中に送金することができるという特徴がありますが、送金先のアドレスを入力ミスした場合、誤って送金された暗号資産は消滅してしまいます。法定通貨などであれば銀行などが管理をしているため対応が可能かもしれませんが、中央管理者のいない暗号資産では、アドレスを間違ってしまっても取り消したりすることができません。暗号資産を送金する場合には、アドレスの入力ミスに十分注意しましょう。

他にも取引所のハッキングなどによる暗号資産の**流出リスク**が考えられます。

第3章で実際の事例を紹介していますが、このような事件により暗号資産は危険と考えている方も多いようです。事前に情報を収集し、信頼できる取引所を選ぶようにしましょう。

▶▶ 安全に取引をするために

　暗号資産取引でのリスクを最小限にするために、まずはしっかりとした情報収集は必須と言えるでしょう。最近ではインターネットやSNSを通して情報を簡単に入手することができますが、その反面、そういった情報を鵜呑みにするのは非常に危険です。特に「この通貨は絶対に上がる」「今買わなければ損」などといった謳い文句の詐欺事件も過去に何度か起きているため、インターネットやSNSだけでなく、しっかりと信用できる情報を収集してから暗号資産投資に参入するのがよいでしょう。

　また、「6-5　暗号資産を買うにはいくら必要？」でも紹介していますが、比較的少額から購入できるのも暗号資産のメリットです。初めて暗号資産投資を始めるときは、少しずつ自分が気になった通貨を購入してみるのもよいかもしれません。

暗号資産のリスク

価格変動リスク

取引所へのハッキングなどによる流出リスク

入力ミスによる送金ミス

1-15

暗号資産に関する各国の動向

暗号資産をめぐっては、各国で様々な動きが見られます。金融分野などでの活用が試みられる一方で、脱税や犯罪に利用されることを懸念し、規制を強める動きもあります。世界ではブロックチェーンに対してどのような動きがあるのでしょうか。

▶▶ 各国で異なる暗号資産の規制状況

ブロックチェーンという革新的な技術を使った暗号資産の登場とその利用者の増加とともに、世界各国で暗号資産に対する法整備が進められています。規制はあるものの比較的暗号資産に友好的なアメリカや日本、ほぼ全面的に暗号資産取引を禁止する中国など、その対応は様々です。

▶▶ 日本の規制状況

日本は暗号資産の取引量が多く、国の規制も比較的にゆるい国と言えるのではないでしょうか。たとえば、2017年4月には改正資金決済法が成立し、暗号資産が決済手段の1つとして法律によって正式に規定されました。さらには暗号資産取引所については金融庁への登録が義務づけられ、金融庁から正式な取引所として認可を受けた業者が次々に誕生しています。このように日本は国をあげて暗号資産取引における環境を整備しており、世界的に見ても暗号資産に対して比較的友好的な国と言えるでしょう。

▶▶ アメリカの規制状況

アメリカは、暗号資産の取引自体は認められており、暗号資産取引に対して許容的であると言えるでしょう。ただ、州の法律で規制が異なるため、今後、統一の法整備を求める声もあります。また、証券取引委員会（SEC）の許可がないICOは禁止されています。

▶▶ 中国の規制状況

　中国は国をあげて暗号資産取引に対する厳しい規制を行っています。2017年9月にはICOによる資金調達を全面的に禁止しています。また現在でも、中国国内での暗号資産取引は個人間のごく小規模なものに限定されており、事実上、中国国内での暗号資産取引は全面的に禁止されている状況にあると言えるでしょう。

▶▶ ロシアの規制状況

　以前は暗号資産取引を禁じる動きが見られ、法的にも強く規制を受けていました。しかし、2017年以後暗号資産への規制は以前に比べると弱まっており、暗号資産取引やICOなどの法的整備などを今後進めていく予定とされています。

▶▶ EUの規制状況

　基本的には暗号資産取引を行うことができるが、暗号資産の透明性、マネーロンダリングや脱税及びテロ活動への資金供与などの不正行為に用いられる可能性について議論されており、法改正が進められていくものと思われます。

各国で異なる暗号資産の規制状況

比較的暗号資産に積極的

日本

アメリカ

全面的に禁止

中国

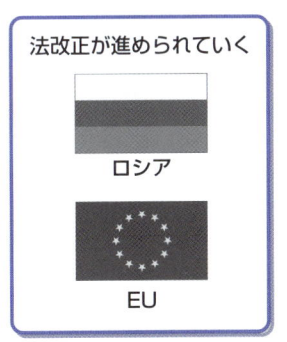

法改正が進められていく

ロシア

EU

暗号資産のアイデアは90年代にできあがっていた!?

　暗号資産は、サトシ・ナカモトという人物がビットコインに関する論文を発表して、その論文を元に開発され、2009年に運用が始まったというのが一般的な理解になっています。

　1980年代末から起こったサイファーパンク運動は暗号資産の考えに大きな影響を与えました。サイファーとは暗号という意味で、パンクは無政府という意味。この2つを掛け合わせて、政治や社会を変化させる強力な手段として暗号技術の広い活用を推進する運動でした。

　そもそも暗号技術は軍事技術で、諜報機関や軍隊で活用されていました。そんな中、1970年代に2つの技術が公開されました。それは共通鍵の技術であるデータ暗号化標準と、ホイットフィールド・ディフィー、マーティン・ヘルマンによって公開された公開鍵暗号に関する研究です。これらの技術でプライバシーを確保しようというのが、1990年代前後に盛り上がったサイファーパンクと呼ばれる社会運動です。ブロックチェーンにより、中央管理機関を用いずに電子的に価値をやりとりするという暗号資産の仕組みも、サイファーパンク運動によって望まれた1つの理想であるということが言えるのです。

　そうした考え方を実現しようという試みも行われました。たとえば、1989年に開発されたデジキャッシュ社のeキャッシュなどは、現在の暗号資産の考え方を取り入れたユニークな取り組みでしたが、広範囲の普及に至らず、そのまま消えてしまいました。

　統制下に置こうとする中央管理機関の通貨に対するアンチテーゼとして生み出された側面もある暗号資産。当然ながら中央管理機関の反対も必須です。2019年11月現在、フェイスブックが運用しようとするリブラ（Libra）が、当初予定していた2020年前半の導入の延期を発表しました。今後の動向が注目を集めています。

暗号資産を
支える技術

　この章では、「暗号資産」がなぜインターネット上で取引ができるのかということについて、技術的な側面から解説します。そもそも暗号化というのはどのような技術なのかということから始め、暗号資産の根幹を支える技術であるブロックチェーン技術、取引のデータを分岐させるソフトフォーク、ハードフォークなどの技術を紹介していきます。

　暗号資産の運用には様々な技術が用いられており、技術について知っているのと知らないのでは、投資や取引などで利用する上でも大きな差が生まれます。この章を読んで理解を深めましょう。

2-1

暗号化技術

暗号資産を支える技術と言えば、ブロックチェーン技術を思い浮かべる人も多いようですが、実は暗号資産の名称にも使われている暗号化技術も非常に重要な技術です。ここでは暗号資産に使われる暗号化技術について見てみましょう。

▶▶ 暗号資産と暗号化技術

ビットコインをはじめとする暗号資産は、その名の通り暗号化技術をベースとした通貨で、暗号化技術は非常に重要な要素となっています。暗号資産で使われている暗号化技術は公開鍵暗号方式といって、インターネット通信や電子署名などで幅広く使われている技術です。

公開鍵暗号方式では**公開鍵**と**秘密鍵**の2つの鍵がペアで1セットの鍵となり、その機能を果たしますが、その基本的な考え方は「閉める鍵と開ける鍵を別々にすれば、鍵をやりとりしなくて済む」というものです。

それぞれの鍵にはとても重要な役割があり、1つ目の鍵は公開鍵として第三者に公開する鍵で、2つ目の鍵は秘密鍵として自分だけが知っている鍵です。誰かに情報を送りたい場合、その送りたい人用の公開鍵を手に入れて鍵を掛けて送信し、受け取った人はその人だけが知っている秘密鍵で開ければよいのです。公開鍵で掛けた鍵は、セットとなる秘密鍵でしか開けることができないので、秘密鍵さえしっかりと管理していれば、情報は完全に守られるわけです。

なお、この公開鍵と秘密鍵を逆に利用したものが電子署名です。送信者だけが知っている秘密鍵で鍵を掛けて送信し、受信者がその秘密鍵とペアになる公開鍵で鍵を開けることができれば、それは確かに送信者が送ったものだという証明になります。

▶▶ 暗号資産とP2P

暗号資産を支える技術としてもう1つよく耳にする言葉に、**P2P**があります。

P2Pとは**peer-to-peer（ピア・トゥー・ピア）**の略で、直訳すると同格のモノ同士のネットワークシステムのことを指します。

　従来のネットワークシステムはクライアントサーバー型と言われ、1つの巨大なサーバーに無数のパソコン（クライアント）がアクセスするネットワークでした。つまり、コンピュータがサーバーとクライアントに分かれ、サーバーが中央集権的な役割を果たしていたのです。これをお金の流れにたとえると、サーバーが銀行でクライアントが利用者の銀行口座といったイメージです。

　一方、P2Pは同格のモノ、つまりクライアント同士でネットワークを構築しているのです。ファイルをやりとりするときは、自分のPCから直接他人のPCにデータを送ることができるため、クライアントサーバー型と違い、サーバーにアクセスが集中して負荷がかかり回線がパンクすることもなくなり、ダウンロードにかかる時間も短くなります。これをお金にたとえると、銀行（サーバー）をなくして個人（クライアント）同士でお金のやりとりができる、まさに暗号資産のイメージになります。

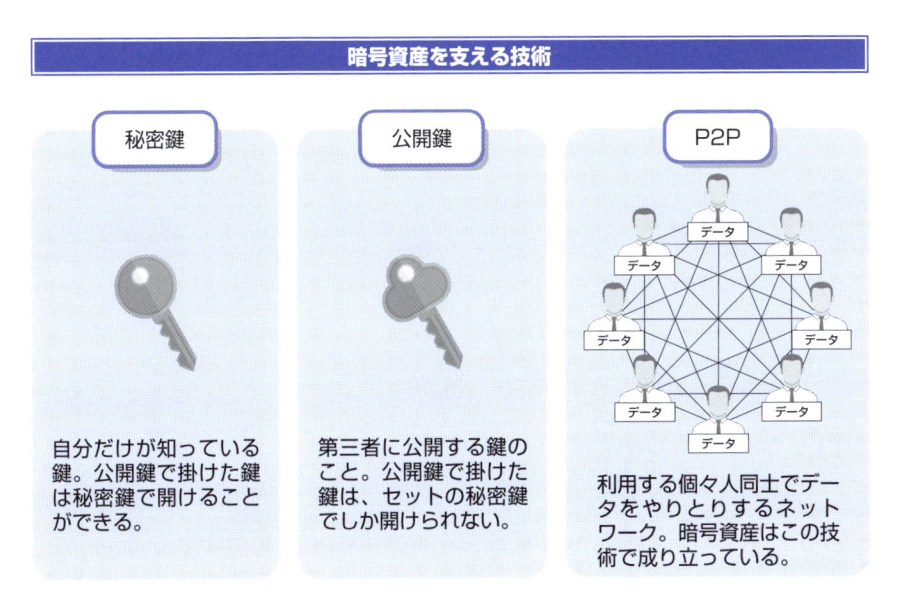

暗号資産を支える技術

秘密鍵

自分だけが知っている鍵。公開鍵で掛けた鍵は秘密鍵で開けることができる。

公開鍵

第三者に公開する鍵のこと。公開鍵で掛けた鍵は、セットの秘密鍵でしか開けられない。

P2P

利用する個々人同士でデータをやりとりするネットワーク。暗号資産はこの技術で成り立っている。

2-2 ブロックチェーン

暗号資産が機能する上で、非常に重要な技術と言われているのがブロックチェーン技術です。そもそもブロックチェーンとは一体何なのか、その基本的な仕組みなどを見ていきましょう。

▶▶ ブロックチェーンとは

ブロックチェーンは、日本語では**分散型取引台帳**と言われており、一言で表すと取引データを記録した台帳のことを言います。暗号資産の取引履歴のことを**トランザクション**と呼び、複数のトランザクションをまとめたものを**ブロック**と呼びます。そしてこのブロックが鎖（チェーン）状に連なって保存された状態がブロックチェーンなのです。

ブロックチェーンはこのようにブロックが複数連なった状態ですので、ある取引について改ざんを行うためには、それより新しい取引についてすべてを改ざんしていく必要があることから、データの破壊や改ざんが極めて困難であると言われています。

世間では「ビットコイン＝ブロックチェーン」のように言われることも多々ありますが、両者は違うもので、ビットコインはブロックチェーン技術の応用という位置づけです。ビットコイン以外でのブロックチェーンの応用例としては、オンライン投票やバックオフィス業務のプロセス自動化などが挙げられます。

▶▶ ブロックチェーンの種類

ブロックチェーンには、大きく分けて「パブリック型」「コンソーシアム型」「プライベート型」の3つの型があります。それぞれの特徴について見てみましょう。

◆パブリック型

ビットコインやイーサリアムなど、暗号資産と呼ばれるもののほとんどがこのパ

ブリックチェーンです。中央集権的な管理機関を持たず、不特定多数の誰でも自由に参加することができます。また、取引がすべて公開されており、透明性が高いことが特徴です。一方で、ルールを変更するためには参加者の一定数以上の合意を勝ち取る必要があるため、特定の誰かの意思で勝手にルールを変更することはできません。

◆コンソーシアム型

　コンソーシアムチェーンは管理主体がいるブロックチェーンですが、その管理主体が複数の企業や団体で構成されており、パブリックブロックチェーンとプライベートブロックチェーンの中間的な存在です。暗号資産の中での代表的なものはリップルで、リップルはビットコインのような誰でも利用できるようなものではなく、リップルをブリッジ通貨（「4-5　リップル」参照）として活用したい銀行などの中からリップル社に選ばれた企業が、コンソーシアムを組んで承認者として活動しています。

◆プライベート型

　プライベートチェーンは管理者が存在し、ネットワークに参加するためには管理者の許可が必要なブロックチェーンです。パブリックチェーンに比べると透明性・公共性が低く中央集権的な要素が含まれますが、パブリック型のように参加者の賛同を得ずとも、管理者の許可によってコントロールできるため、金融システムの管理などに活用できると言われています。

ブロックチェーン

「ブロック」とは一定期間（約10分間）の取引記録データのことをいいます。
各ブロックがすべてチェーンのようにつながっているので、ブロックチェーンと呼びます。

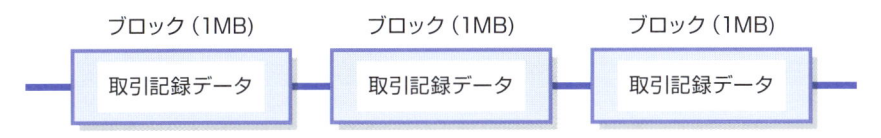

ブロック（1MB）　　　ブロック（1MB）　　　ブロック（1MB）

| 取引記録データ | 取引記録データ | 取引記録データ |

●ブロックチェーンの種類

	パブリック	コンソーシアム	プライベート
管理者	なし	複数企業	単独

2-3 ブロックチェーンでできること・できないこと

暗号資産を支える技術であるブロックチェーン。その技術により素晴らしい未来が実現できる一方で、不得手としていることもあります。ここではブロックチェーンによってできること、できないことを見ていきましょう。

▶▶ ブロックチェーンでできること

ブロックチェーンは基本的に、記録を残すことに特化した技術です。ブロックチェーン上に記録することにより、その存在を証明することができます。

通常、証明とは信頼のおける第三者が行っています。たとえば、銀行は預金を証明し、法務局は不動産や会社の登記を証明し、公証役場は遺言を証明するといった具合です。このような証明を、第三者ではなくブロックチェーンに記載されているという事実で行えるようになることで、証明をするための第三者が要らなくなり、第三者に支払うコストを削減することができます。これは金融や行政を劇的に変えていくとも言われています。

また、ブロックチェーンにはプログラムによって契約を自動執行する**スマートコントラクト**という機能があります。スマートコントラクトは、よく自動販売機にたとえられます。自動販売機では「商品の選択」→「代金の支払い」→「商品の提供（発送・到着）」→「お釣りの返却」といったプロセスを自動的に執行します。これが自動販売機でモノを購入する以外の様々な契約における一連の流れに応用できれば、プロセスごとの仲介者が不要になることによる中間手数料の削減や、決済からサービス提供までの大幅な時間短縮など、人々の生活を大幅に変える可能性を秘めています。

▶▶ ブロックチェーンではできないこと

このように、ブロックチェーンは社会を大きく変える可能性を秘めた技術ですが、当然できないこともあります。

　たとえば、ブロックチェーンでは正誤を判断することはできません。ブロックチェーン上に記録されたものが改ざんされたかどうかはその仕組み上判別できますが、その記録されたものが正しいものかどうかを判断することはできません。つまり、ブロックチェーンに記録したデータが元々間違ったものであった場合、その後も間違ったデータを保持し続けることになります。

　また、ブロックチェーンはあくまでデジタルデータを記録するものですので、デジタルデータ化できない情報は扱うことができません。

　しかし、このようにブロックチェーン技術単体では不得手なことでも、現実世界の事象をデジタルデータ化して共有するIoT技術やデータの判断を行うことができるAI技術と掛け合わせることにより、社会を変えるテクノロジーになると言われています。

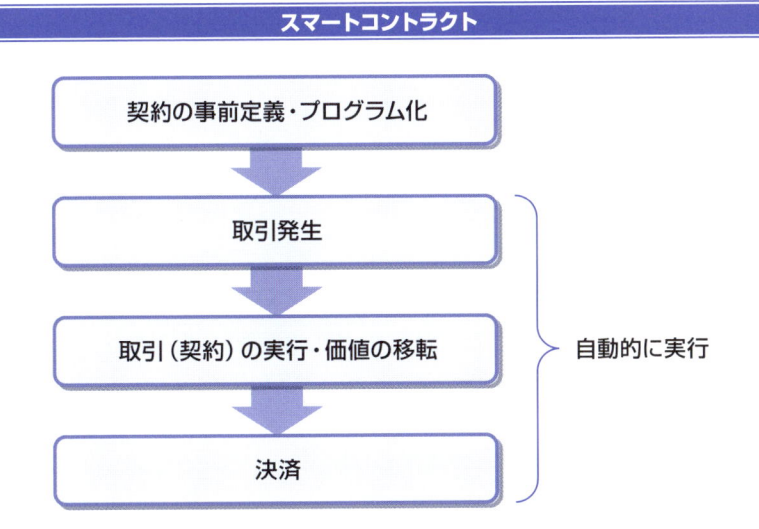

2-4

分散台帳技術

ブロックチェーンは日本語では分散型取引台帳と言うと紹介しましたが、ブロックチェーンと分散台帳技術はまったく同じものではありません。では分散台帳技術とはどのようなもので、両者にはどのような違いがあるのでしょうか。

▶▶ 分散台帳技術とは

分散台帳技術は、DLT（Distributed Ledger Technology）とも呼ばれます。分散型取引台帳と訳されるブロックチェーンと厳密には異なる仕組みですが、分散管理という点では同じです。従来の中央集権的な台帳管理とは異なり、複数のサーバーが同じデータを保持することで、データの不正な改ざんやハッキングなどの攻撃に対して強いという特徴があります。

▶▶ 分散台帳技術の特徴

分散台帳技術の特徴は、その名の通り台帳の管理が分散されていることにあります。反対に台帳を中央集権的に管理している代表的な例が銀行です。台帳の記録・管理はすべて銀行側が行っています。これに対し台帳を1つにまとめるのではなく、複数のユーザー全体で管理・監視していく技術が分散台帳技術です。

▶▶ 分散台帳技術とブロックチェーンの違い

分散台帳技術とブロックチェーンの違いを簡単に表現すると、分散管理する台帳情報が分散台帳技術であり、それらを数珠つなぎにしてブロックを作成していくものがブロックチェーンということになります。つまりは分散台帳技術の中にブロックチェーンが存在していることなり、分散台帳技術はブロックチェーン以外の場面でも活用されています。

▶▶ 分散台帳技術はどのように使われているのか

　分散台帳技術が使われている代表的な分野が金融分野です。暗号資産と分散台帳技術を活用し、海外送金や第三者機関の仲介を必要としない決済を可能にするなど、様々な業務の改善が見込まれています。他にもオンラインで行う電子投票では、データの改ざんができない点やデータを過去に遡って確認できる点などから、透明で公正な投票を可能にすると期待されています。また、暗号資産の分野においては後述するリップルの決済ネットワークにこの分散台帳技術が利用されています。

分散型台帳

データを中央で管理するのではなく分散して管理する技術です。
同じ情報を共有し合うことで改ざんを防ぎます。

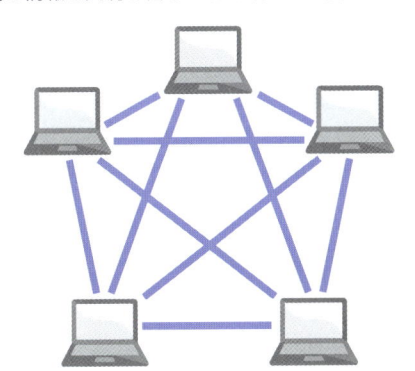

第2章　暗号資産を支える技術

2-5

ソフトフォーク

取引データの詰まったブロックが分岐・分裂することをフォークと言いますが、フォークにはソフトフォークとハードフォークの2種類があります。ここではソフトフォークとは何なのかを見ていきたいと思います。

▶▶ ソフトフォークとは

ブロックチェーンとは、その名の通り取引データの入ったブロックがチェーン状につながることで形成されています。**ソフトフォーク**とは、そのチェーンが互換性のあるチェーンへと分岐することを言い、いわばバージョンアップのようなイメージです。

そのためソフトフォークの特徴として、過去のルールから新しいルールにチェーンが分岐した後も、それまでのブロックと互換性があることが挙げられます。その後、過半数のマイナー達が新しいルールを支持しチェーンが長くなると、ブロックチェーンは新しいルールに収束します。

もし仮に過去のルールが過半数の支持を集めた場合には、ブロックチェーンは分裂することなく、過去のルールに収束します。つまり、ソフトフォークではブロックチェーンは永続的には分裂せず、最終的にどちらかのルールに一本化されることになります。

▶▶ ソフトフォークの事例

実際のソフトフォークの事例としては、**Pay to script hash (P2SH)** や**Segwit**があります。

Pay to script hash(P2SH)とはマルチシグネチャのための方法の一つで、ビットコインを送金するために複数のデジタル署名が必要になることから、ビットコインではPay to script hash(P2SH)を取り入れるソフトフォークを行ったことで、送金のセキュリティが高まる結果になりました。

　Segwitはブロックに格納された記録を圧縮することで、ブロックサイズはそのままにより多くのデータを格納することができるようにする技術です。Segwitでは過去のルールは無効にならず、ブロックから取引データに含まれる署名をWitness領域に分離するという新しいルールを追加するもので、ソフトフォークに当たります。Segwitをすでに導入している暗号資産としては、デジバイト、ライトコイン、モナコイン、ビットコインがあります。

ソフトフォーク

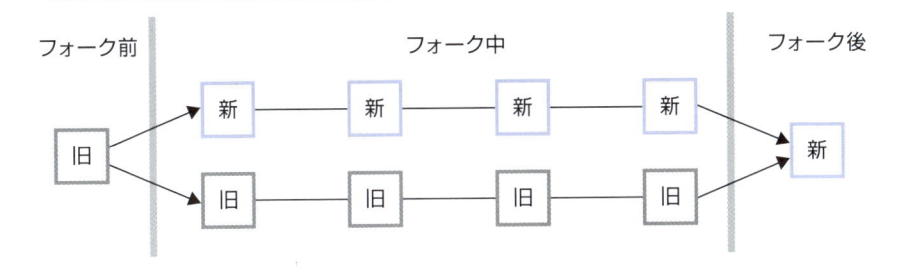

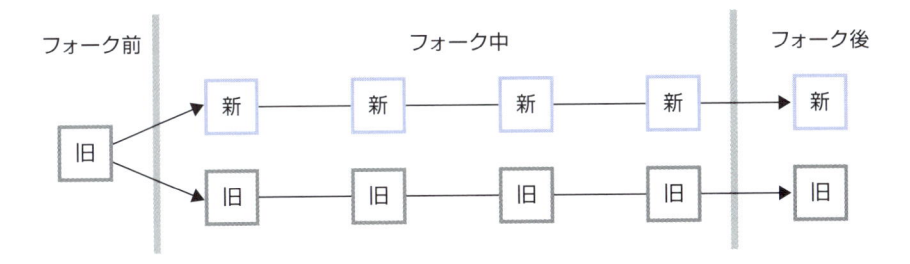

2-6
ハードフォーク

2種類あるフォークのうち、ハードフォークとはどういったものなのでしょうか。ここではソフトフォークとの違いも含め、ハードフォークとは何なのかについて見ていきます。

▶▶ ハードフォークとは

ハードフォークとは、ブロックチェーンが分裂して新しい暗号資産が誕生することを言います。それまでのブロックとは互換性のないブロックを連ねることで、それ以降は以前のブロックチェーンとは別のブロックチェーンが続くコインの分裂のことを指します。

▶▶ ハードフォークの事例

実際のハードフォークの事例としては、2016年7月に行われたイーサリアムとイーサリアムクラシックの分裂や、2017年8月に行われたビットコインとビットコインキャッシュの分裂などがあります。

イーサリアムのハードフォークの原因はThe DAO事件と呼ばれるハッキング事件です。このハッキング事件により数十億円相当のイーサリアムが盗まれており、救済措置としてハードフォークが行われたのです。イーサリアムはハードフォークによりブロックサイズを大きくし規模も大きくなりましたが、一方でイーサリアムの仕組み自体には問題がなかったとする少数派のメンバーによって元のイーサリアムの形式を利用し続けることとなり、結果的にイーサリアムクラシックとなりました。

ビットコインとビットコインキャッシュのハードフォークですが、こちらはスケーラビリティ問題が原因でした。解決策は2つあり、1つはブロックサイズを拡大することでもう1つは取引データを圧縮することでしたが、この2つの意見が対立し、それぞれの解決方法を採用した結果、ブロックサイズを拡大する方法が、ブロッ

クチェーンの互換性がなく暗号資産の分裂を起こすハードフォークだったのです。

▶▶ 「ソフトフォーク」と「ハードフォーク」の違い

ソフトフォークもハードフォークも、今まで適用されてきたルールから新しいルールが設定される点においては似ているように見えるかもしれませんが、両者には大きな違いがあります。その違いを一言で表すと下記になります。

- ●ソフトフォーク=暗号資産のバージョンアップ、仕様変更
- ●ハードフォーク=新しい暗号資産の誕生、ブロックチェーン自体の仕様変更

そのため、ソフトフォークは分岐が起こっても最終的にはそのどちらかのルールに収束し一本化されるのに対し、ハードフォークは分裂により新しい暗号資産が誕生しますので、それらは将来的に収束することはなく、永続的な分裂になるといった違いがあります。

ハードフォーク

ブロックサイズを大きくしようとした場合、新しいルールを適用できる
ブロック分岐が必要となります。
このブロック分岐を「ハードフォーク」と呼びます。

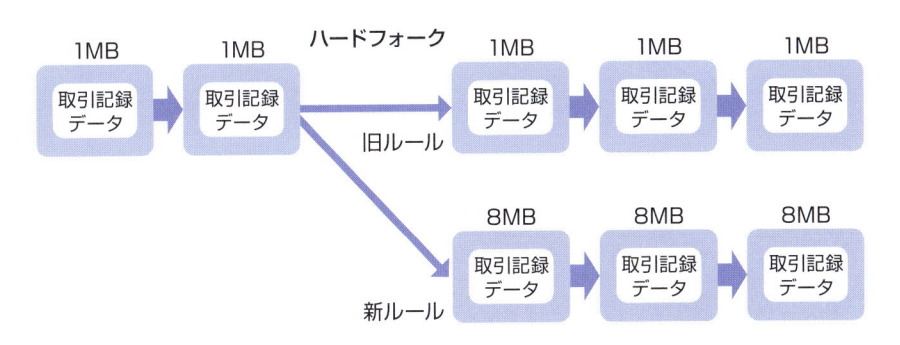

ビットコインとビットコインキャッシュの場合　　ビットコインのブロックチェーン

ビットコインキャッシュのブロックチェーン

2-7
スケーラビリティ問題

スケーラビリティ問題とは、一言で言うと暗号資産の送金スピードが遅くなってしまう問題のことを言います。一体なぜそのような問題が起こってしまうのでしょうか。また解決策にはどのようなものがあるのでしょうか。

▶▶ スケーラビリティ問題とは

暗号資産はブロックチェーンで管理されていますが、このブロックの中に記録されるデータの容量が多くなることで処理に支障が出て、送金や決済の遅れの原因となる、この問題を**スケーラビリティ問題**と呼んでいます。

たとえば、ビットコインの場合、ブロックサイズは1MBで10分間に1回のブロックが生成されると決められているため、ブロック容量がすぐに満杯となってしまい、他のアルトコインに比べ処理が遅れがちになることがあります。ブロックに入りきらないデータが増えれば増えるほど処理能力は低下し、送金の遅れだけでなく、最終的には送金が承認されないといった事態にも発展してしまうため、暗号資産にとってスケーラビリティ問題とは非常に重要な課題と言えます。

▶▶ スケーラビリティ問題の解決策

暗号資産は決済や送金の新しい形として注目されており、決済や送金の遅延が度々起こるようでは実用上問題があると言わざるを得ません。そこで暗号資産にとってこのスケーラビリティ問題をどうやって解決するかということは、非常に重要なポイントとなります。解決策としては、下記が考えられています。

- ●ブロック容量を拡大する
- ●ブロックに書き込むデータ容量を小さくする
- ●ブロックの生成時間を短縮する
- ●ブロックチェーン外で取引を行う

しかし、どの解決策にもメリット・デメリットがあり、本質的な解決には至っていないのが現状です。

▶▶ スケーラビリティ問題が簡単に解決できない理由

スケーラビリティ問題の解決が簡単ではない理由として、どの解決方法にもメリット・デメリットがあり、どの方法で解決すればよいか、意見が分かれてしまうことが挙げられます。暗号資産は非中央集権的な運営がされているため、ある方法で問題を解決しようとしても、取引参加者全員の合意のもとに運営を行うことは不可能に近いのです。

実際、ビットコインのスケーラビリティ問題において、ブロック容量を拡大すればよいと考えるグループと、ブロックに書き込むデータ容量を小さくすればよいと考えるグループの対立によりハードフォークが起こり、2017年にビットコインキャッシュが誕生しています。

スケーラビリティ問題

ビットコインのブロックのサイズは1MBと決められています。
しかし利用者が増え、ブロックの容量が満杯に達するまでデータが書き込まれて、
取引処理に遅延が生じます。

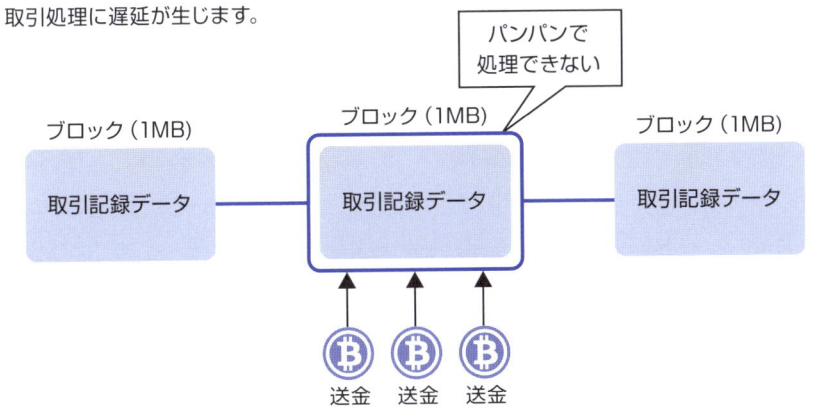

2-8 ホットウォレット・コールドウォレット

紙幣や硬貨をお財布で保管するように、暗号資産を保管しておくためにはウォレットというものが必要になります。ウォレットには「ホットウォレット」「コールドウォレット」といった種類がありますが、一体何が違うのでしょうか。

▶▶ 2種類のウォレット

暗号資産を保管するウォレットは、大きく分けると「**ホットウォレット**」と「**コールドウォレット**」の2種類があります。ホットウォレットとコールドウォレットの違いは、暗号資産の情報がどのような状態で保管されているかの違いです。

暗号資産の情報は秘密鍵で守られていますが、ホットウォレットはこの秘密鍵をインターネットにつながった環境で保管しており、コールドウォレットは秘密鍵をインターネットから切り離された環境で保管しています。

▶▶ ホットウォレット

インターネットにつながったホットウォレットは、すぐに送金や受け取りができるといった利便性が一番のメリットで、取引所が提供するウォレットのほとんどがホットウォレットです。しかし一方で、インターネットに接続されているため、ハッキングにより秘密鍵を盗み出されてしまうといったリスクにさらされています。

ホットウォレットの中には、前述の暗号資産取引所のマイページなどのオンライン上で管理するウェブウォレットや、スマートフォンに専用アプリをインストールして管理するモバイルウォレットがあります。

ウェブウォレットは暗号資産取引所が管理しているため、秘密鍵の紛失リクスが少なく、取引手続きがスムーズな点がメリットですが、過去の流出事件のようにハッキングやアカウント流出による暗号資産紛失のリスクがあります。

モバイルウォレットは持ち運びができ、すぐに取引ができるといったメリットがありますが、スマートフォンの故障やウイルス感染などで暗号資産を紛失するリス

クがあります。

▶▶ コールドウォレット

インターネットから切り離されたコールドウォレットは、ホットウォレットに比べ安全性が高いのがメリットですが、ウォレット自体の破損や紛失といったリスクや取引の際にインターネットにつなぐ手間がかかるといったデメリットがあります。

コールドウォレットの中には、専用端末をUSB接続し秘密鍵を管理するハードウェアウォレットや、秘密鍵とビットコインアドレスを紙に印刷して保管するペーパーウォレットなどがあります。

ハードウェアウォレットはインターネットにつながっていないため、ハッキングなどへの安全性が高いのがメリットですが、端末自体の故障や紛失により暗号資産を紛失してしまうリスクがあります。

ペーパーウォレットは、インターネット上やパソコン上にビットコインの重要情報を一切残さないため、しっかりと管理をすれば安全性は非常に高いと言われています。しかし、紙に印刷するため、紙そのものの劣化や紛失により、暗号資産を紛失してしまうリスクがあります。

ホットウォレット・コールドウォレット

ホットウォレット

保有する暗号資産をインターネットに
接続している

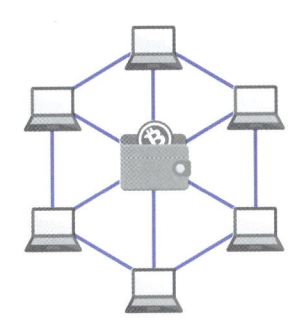

気をつけないと盗難にあってしまう。

コールドウォレット

保有する暗号資産をインターネットに
接続していない

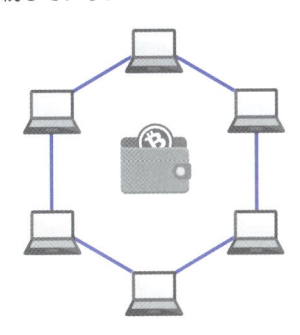

インターネットによる盗難のリスクがない。

量子コンピューターと暗号資産

2019年10月23日、アメリカのグーグルが、量子力学を応用した量子コンピューターを活用して、最先端のスーパーコンピューターが約1万年かかる計算をわずか3分20秒で終了させたと発表しました。今後、AIへの活用や金融リスクへの予測、膨大なデータを処理する化学実験などに応用されると期待されています。

ところが、そのビッグニュースにマイナスの反応したのが暗号資産です。グーグルのニュースが発表されてから、一時、1ビットコイン＝7,500ドルを下回って、約半年ぶりに低水準の価格にまで下がりました。

なぜ、量子コンピューターの実験の結果が、こうまで暗号資産の価格に影響を与えるのでしょうか？　それは、量子コンピューターが普通に運用されることで、保有している暗号資産を守るパスワードに相当する秘密鍵が、公開されている情報である公開鍵から解読されてしまう可能性があると言われているからです。そうなると、暗号化して安全に送金できるという暗号資産が持っているブロックチェーン技術の信頼性がなくなってしまう、ということになりかねません。

そのような悲観的な見解がある一方、インターネット上ではグーグルが発表した量子コンピューターの技術は、暗号資産のブロックチェーンの暗号化技術を解読するほど能力が高くないという見解もあります。アメリカのIBMの研究者などは、グーグルの発表は大げさであると語っており、暗号技術の解読については楽観的な考え方も少なくありません。また、そもそもブロックチェーンの不正解読は、単純に計算能力の高さだけでは難しいという意見もあります。

今後、量子コンピューターがどのくらい応用され、それがどれだけ暗号資産の技術に影響を与えるのかは未知数です。しかし、こうした最先端技術の発表によっても、暗号資産の価格は大きく変動するということをよく覚えておきましょう。

第 3 章

暗号資産の歴史と代表的なできごと

　この章では、「暗号資産」がスタートしたきっかけと歴史について紹介していきます。ビットコインが初めて取引されたのが、2009 年の 1 月。それから 2019 年まで 10 年の歳月が流れています。この間、暗号資産は元の取引価格の 100 倍といった破格の価格をつけることもあり、バブルの様相を呈していました。

　また、一方で注目されたのはハッキングによる暗号資産の流出事件。こうした事件を読み解くことで暗号資産の未来が見えてきます。

3-1

暗号資産の始まり

現在では数千種類あるとも言われる暗号資産ですが、その始まりは2008年に発表されたある論文でした。一体、暗号資産はどのようにこの世に誕生し広がっていったのでしょうか。暗号資産の歴史について見ていきましょう。

▶▶ 始まりはある論文の発表から

暗号資産の始まりは、2008年に**サトシ・ナカモト**と名乗る人物がネット上に公開した論文に遡ります。その論文の内容はP2P技術を駆使した通貨のアイデアで、ブロックチェーンの基本構造やマイニングの仕組み、半減期の必要性などが語られていました。その内容に興味を持ったエンジニア達が有志で開発を進め、後に暗号資産がこの世に誕生することになるのです。

2009年1月、ブロックチェーン上に「genesis block」と呼ばれる最初のブロックが形成されたのが、暗号資産誕生の瞬間でした。ちなみに、このときのビットコイン相場は約0.07円/1BTCでした。

▶▶ 初めてのビットコイン取引

ビットコインが初めて実際の取引に使われたのは2010年5月のことです。当時フロリダに住んでいたプログラマーのラズロー・ハニエツが、インターネット上で「10,000BTCとピザ2枚を交換してくれる人はいないか」と呼びかけました。その呼びかけに、ロンドン在住の学生ジェレミー・スターディヴァントが応えたのです。

ジェレミーはアメリカの大手宅配ピザのパパ・ジョンズに、25ドルでピザ2枚を注文しました。その後ラズローはこのピザ2枚を無事に受け取り、ジェレミーに10,000BTCを支払ったのです。

実際に店舗との間でビットコイン決済が行われたわけではありませんが、この逸話は現在でも「**ビットコインピザデー**」として語られ、5月22日はユーザーの間で記念日となっています。

▶▶ 次々に登場するアルトコイン

暗号資産の中で最も有名なのはビットコインですが、それ以外にもアルトコインと呼ばれるビットコイン以外の暗号資産が、次々に誕生しました。2013年にはリップル、2014年にはイーサリアムといった、今では有名なアルトコインが続々と誕生していきます。そして現在ではその数は1,500種類を超えると言われています。

▶▶ 暗号資産取引所の誕生

2014年4月にはZaifの前身である暗号資産取引所etwingsが開設されました。この後、同月にBtcBox、5月にはbitFlyer、6月にはbitbank、Quoineと日本国内で暗号資産取引所が次々とサービスを開始していきました。

暗号資産の歴史としてはサトシ・ナカモトの論文が発表されてから11年、ビットコインが誕生してからまだ10年と非常に新しいシステムですが、この短期間に市場の成長を促す出来事や、下落につながる出来事を繰り返しながらも、市場規模を拡大しています。今後、暗号資産によって世の中がどのように変わっていくのか、非常に興味深いのではないでしょうか。

暗号資産の歴史

年・月	できごと
2008年11月	ビットコインの概念が公表される
2009年1月	ビットコインが初めて譲渡される
2010年5月	ビットコインでピザが買われる
2010年7月	マウントゴックス取引所が創設される
2012年11月	最初の半減期
2013年12月	1BTC＝12万円に上昇
2014年2月	マウントゴックスが破綻
2015年1月	1BTC＝2万円まで下落
2015年8月	ビットコイン支払いに対応した店舗が世界で16万軒に
2016年7月	2度めの半減期
2017年8月	ビットコインが分岐しビットコインキャッシュが誕生
2017年11月	1BTC＝80万円まで上昇

3-2

暴騰した暗号資産

　暗号資産が誕生して約10年。2017年は暗号資産にとって歴史的な1年となりました。暗号資産バブルによって市場にお金が流れ込み、どの暗号資産も軒並み価格が急騰したのです。この一連の価格急騰の理由は一体何だったのでしょうか。

▶▶ 2017年の暗号資産バブル

　2016年までビットコインは1BTC=5万円前後の価格でしたが、2017年のはじめに10万円前後の値をつけることになります。その勢いはそこで終わらず、2017年の夏には1BTC=約50万円に上昇、さらに半年後の年末には1BTC=200万円を突破しました。またビットコイン以外の暗号資産も軒並み価格が上がり、中には100倍以上もの値上がりをしたアルトコインもありました。そのため、2017年は誰がどのタイミングで暗号資産を買っても、ほとんどの人が利益を出せた1年だったと言えるのではないでしょうか。

▶▶ 暗号資産の価格はどうやって決まる!?

　暗号資産の価格はどうやって決まるのか、詳細は「1-6　暗号資産の価格が決まる仕組み」で解説したように、暗号資産の価格は需要と供給のバランスによって決まります。つまり2017年が1年を通じて値上がり傾向にあったのは、買い手の数が圧倒的に多く、買い手（需要）と売り手（供給）の力の差が大きかったことが挙げられます。

　また、暗号資産で決済ができるお店が徐々に普及するなど暗号資産の将来性を感じる話題が多く、買い注文が多く出ていたことが考えられます。他にも暗号資産投資で大幅な利益を上げた人がメディアに取り上げられる機会が増えたことにより、買い手を後押しする結果につながったことも要因として考えられます。

ビットコインが高騰した理由

　ビットコインの価格が大きく高騰した要因もいくつか考えられます。1つはハードフォーク（ブロックチェーンの仕様変更）の成功が挙げられるでしょう。ビットコインのハードフォークによりビットコインキャッシュが配布されたり、その後さらなるハードフォークでビットコインゴールドが配布されるということでビットコインに人気が集まり価格が高騰したと考えられます。他にも、これまで他の投資商品に向かっていた投資マネーの一部がビットコインに流れてきたことや、大手暗号資産取引所の開設や、有名人を起用したCMによる話題性などが、ビットコイン高騰の理由と考えられています。

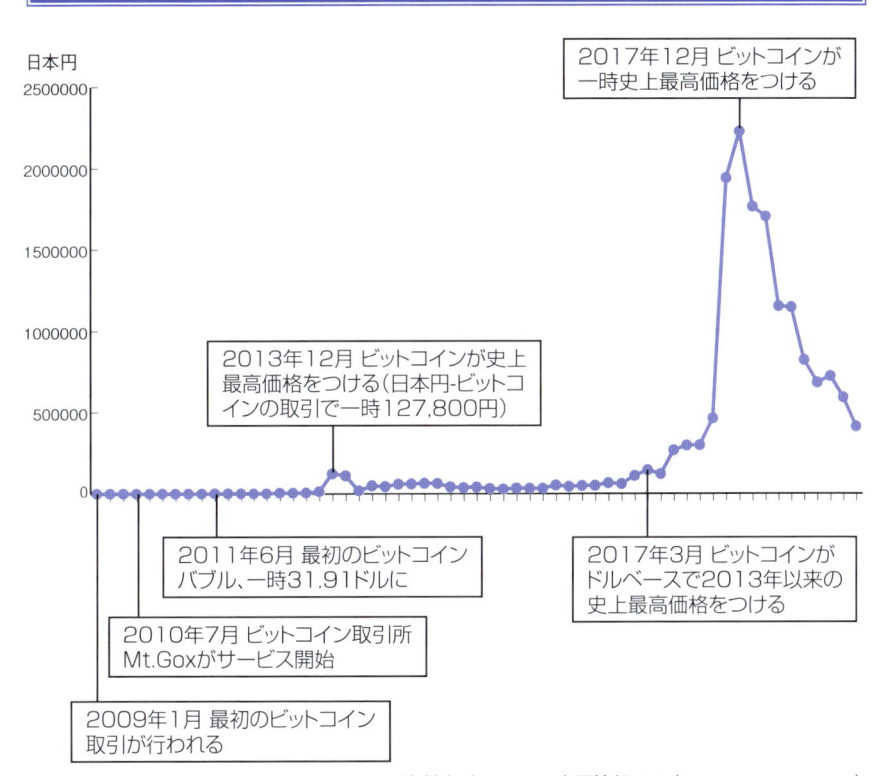

ビットコインの価格推移（2009年〜2019年）

2017年12月 ビットコインが一時史上最高価格をつける

2013年12月 ビットコインが史上最高価格をつける（日本円-ビットコインの取引で一時127,800円）

2011年6月 最初のビットコインバブル、一時31.91ドルに

2017年3月 ビットコインがドルベースで2013年以来の史上最高価格をつける

2010年7月 ビットコイン取引所Mt.Goxがサービス開始

2009年1月 最初のビットコイン取引が行われる

資料出所:Bitcoin日本語情報サイト（https://jpbitcoin.com）

3-3

暗号資産の流出事件

ハッキングによる暗号資産の流出事件は、世界規模で見ると非常にたくさん起こっています。そのため暗号資産は「何か怪しいものなのではないか」とか「セキュリティに不安がある」といった印象を持っている人も多いようです。

▶▶ 暗号資産の安全性

暗号資産の流出事件は、日本国内だけでもマウントゴックス社、CoinCheck、Zaif、BITPointと複数の取引所で発生しており、世界中ではさらに多くの流出事件が発生しています。ハッキングによる暗号資産の流出事件が起こるたびに報じられる被害額の大きさや事件の頻度から、暗号資産の安全性は本当に大丈夫なのかと疑問を持つ人も多いようですが、実は暗号資産そのものには問題はなく、暗号資産の保管方法が要因となっている事件が多いと言われています。

▶▶ 暗号資産取引の流出はなぜ起きるのか

暗号資産が流出する原因の1つに、暗号資産がホットウォレットに保管されていることが挙げられます。「2-8　ホットウォレット・コールドウォレット」で説明したように、ウォレットとは簡単に言うと暗号資産を保管している財布のようなイメージです。ホットウォレットは常にインターネットに接続されているため送金には便利な一方で、常に外部からのハッキングの危険にさらされています。インターネットに接続することなく暗号資産を保管する方法もあるのですが、世界中で起きた暗号資産の流出事件は、このホットウォレットからの流出であるケースが多いようです。

たとえば暗号資産の不正流出動向を監視するアメリカのセキュリティ企業「サイファートレース」の調べによると、2019年1月～3月では12億ドル（約1,300億円相当）が、交換業者から流出していることがわかりました。

流出の原因は「ホットウォレット」の状態であったことです。

　顧客との取引の際に、インターネットに接続する瞬間をハッカーに狙われていると言われています。ハッカーへの対策は様々なものがありますが、大きな効果を上げているとは言い難い状況のようです。

▶▶ ハッキングによる流出事件から暗号資産を守る

　ハッキングから暗号資産を守る効果的な方法は、購入した暗号資産を取引所に置いたままにせず、安全性の高いハードウェアウォレットに保管する方法です。取引所ではユーザーの利便性を考えホットウォレットを利用していることもありますが、利便性と安全性を両立することはなかなか難しいと言わざるを得ません。

　とは言え、暗号資産は投機投資の対象であると同時に決済手段としても利用されているため、保有しているすべての暗号資産をハードウェアウォレットに移すことは決済手段としての利便性を損ねることにもなりかねません。そのため、取引所のホットウォレットはすぐに使いたい範囲内にとどめ、保管用にはインターネットにつながっていないハードウェアウォレットと使い分けるのもよいでしょう。

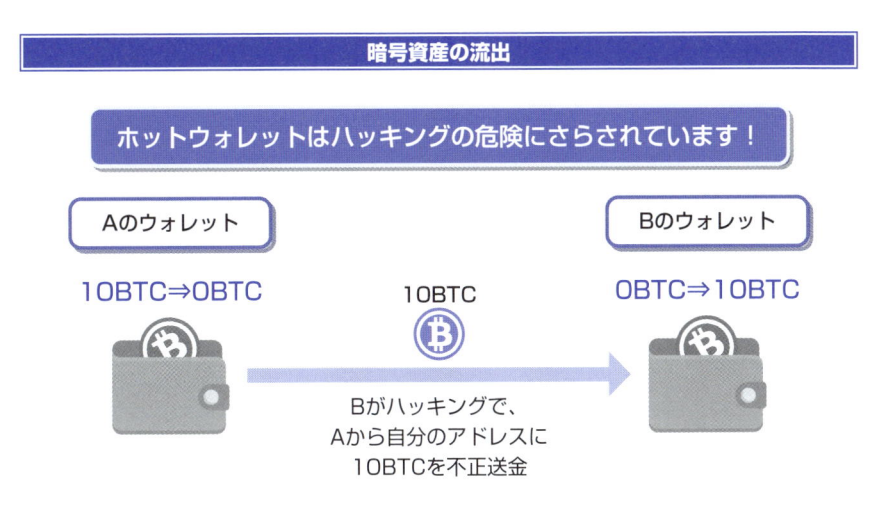

暗号資産の流出

ホットウォレットはハッキングの危険にさらされています！

Aのウォレット

10BTC⇒0BTC

10BTC

Bのウォレット

0BTC⇒10BTC

Bがハッキングで、
Aから自分のアドレスに
10BTCを不正送金

3-4

マウントゴックス事件

世界中でビットコインを含む様々な暗号資産流出事件が起きていますが、マウントゴックス事件は、その歴史を遡ると必ず話題に出てくる事件と言えます。この事件は一体どのような事件で、暗号資産の歴史にどのような影響を与えたのでしょうか。

▶▶ マウントゴックス事件とは

マウントゴックス社（株式会社Mt.Gox）は、もともとオンラインゲームのトレーディングカードを売買するための交換所として誕生しました。その後2010年頃からビットコイン交換所に事業を転換し、2011年にはマルク・カルプレス氏がCEOに就任しました。取引所としての実績は高く、2013年にはマウントゴックス社は世界のビットコイン取引量の約70%を占める取引所に成長しました。

このようにビットコインの取引所として地位を確立したマウントゴックス社ですが、2014年に巨額のビットコインと顧客からの預り金が消失するという大きな出来事が起きます。これがマウントゴックス事件と呼ばれる事件です。この事件はマウントゴックス社のサーバーがサイバー攻撃を受け、ビットコインで約75万BTC（当時のレートで約480億円）と、預り金約28億円の合計約500億円もの資産が流出したというものです。

▶▶ 事件の原因

マウントゴックス事件は、発生当初サイバー攻撃によるハッキングによるものと考えられていましたが、捜査が進むにつれ、マルク・カルプレス氏自身の口座残高のデータ改ざんやユーザーの預金を着服した形跡が見つかり、同氏は口座情報の改ざん容疑で逮捕され、さらに業務上横領の疑いで再逮捕されました。

しかし、ビットコインと預り金の消失はあくまでハッキングによるものと、カルプレス氏は主張しています。事件の真相が氏の主張どおりであるとしたら、やはりハッキングによって暗号資産が流出してしまう状態＝インターネット上でビットコ

インが管理されていたことが大きな問題と言えるのではないでしょうか。

　取引所は常にサイバー攻撃の危険にさらされているため、すぐに取引を行うもの以外はオフラインで管理するなどといったセキュリティー対策を講じる必要があります。また別の要因としてはマウントゴックス社のずさんな資産管理体制も指摘されました。同社は自己資産と顧客からの預かり資産を明確に区分せず、顧客の資産を自社の経営のために利用できる状況であった可能性があるとも言われています。

▶▶ マウントゴックス事件のその後

　マウントゴックス事件の後、政府は利用者保護の観点から法整備を進め、2017年4月1日に改正資金決済法が施行されました。同法では、暗号資産交換業者は金融庁の審査を受け登録をしなければならないこと、登録業者は資本金の額が1,000万円以上あり純資産額がマイナスであってはいけないこと、自己資産と顧客資産の分別管理を義務づけ、管理状況は公認会計士または監査法人による外部監査を受けなければならないといったことが定められています。

マウントゴックス事件

サイバー攻撃によるハッキングと業務上横領の疑い

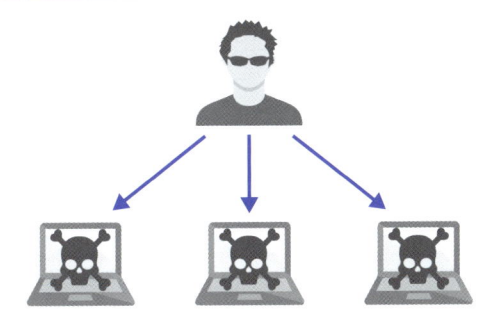

約75万BTC（当時のレートで約480億円）と、
預り金約28億円、合計約500億円の資産が流出

3-5
コインチェック事件

　2018年1月26日、国内大手の暗号資産取引所であるコインチェックがハッキングによる不正アクセスを受け、取り扱っている暗号資産が流出するという事件が起こりました。この事件は一体どのような事件だったのでしょうか。

▶▶ コインチェック事件の概要

　2018年1月26日、暗号資産取引所コインチェックがハッキングによる不正アクセスを受け、預けられていたネムが大量に盗み出されました。その送金額は合計で5億2,300万XEMとされ、当時のレートで換算すると約580億円にのぼります。そのすべてがコインチェックの利用者が保有しているネムでした。

▶▶ 不正流出の原因

　コインチェックのネムの不正流出の一番の原因は、セキュリティー管理の問題とされています。

　金融庁は暗号資産取引所に対し、暗号資産の管理方法としてコールドウォレットを使うことを推奨しており、コインチェックもコールドウォレットを使用していると公表していました。しかし、ネムについて実際はインターネットに接続されたホットウォレットで暗号資産を管理していたのです。ホットウォレットによる暗号資産の管理はマウントゴックス事件でも大きな問題となっていました。

　もう1つの原因としては、マルウェアの感染が指摘されています。流出以前にコインチェックの複数の社員宛に不審なメールが届き、そのメール内のアドレスをクリックしたことによりウイルスに感染し、ネム流出の原因となる不正アクセスが行われたとされています。このことについてコインチェックは当時会見で、2017年の暗号資産バブルによる市場の盛り上がりでユーザー数が急増し、業務拡大に対する体制の整備が追いついていなかったといった内容を述べています。

▶▶ コインチェックの対応

　コインチェックはネムの不正流出を受けて、日本円及びすべての暗号資産の出金停止を行いました。その後専門家の協力のもと技術的な安全性を確認し、2018年の2月から6月にかけて、日本円及びその他の暗号資産の出金を順次再開しています。

　また、2018年1月28日、コインチェックは不正送金されたネムの補償について、被害を受けた保有者全員に対し1XEM＝88.549円で換算して日本円で返金するという方針を発表しました。補償資金はすべてコインチェック内の資金で行われ、同年4月6日には総額約460億円の返金がすべて完了したと発表されました。

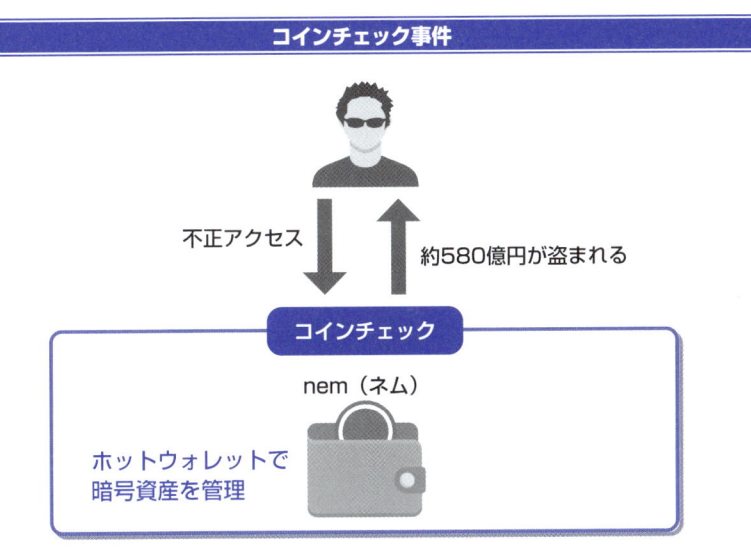

コインチェック事件

不正アクセス

約580億円が盗まれる

コインチェック

nem（ネム）

ホットウォレットで
暗号資産を管理

暗号資産の歴史は、ハッカーとの攻防の歴史!?

暗号資産の歴史は、ハッカーとの攻防の歴史でもあるとも言えます。

暗号資産の不正流出動向などを監視するアメリカのセキュリティー企業である、サイファートレースの調査では、2019年1〜3月の期間に合計12億ドル（約1,300億円）の暗号資産が、盗難や詐欺といった形で交換業者から流出していることがわかりました。

本文でも紹介した通り、不正流出は暗号資産の管理状態に原因があります。顧客とスムーズに取引をするため、インターネットに接続した状態で顧客の資産を管理するホットウォレットに移した瞬間に、流出の危険性が高まります。暗号資産を流出させるため、ハッカーは事前にメールなどを活用して、暗号資産を管理しているシステムをウイルス感染させ、秘密鍵を盗んで盗難するという手口がよく知られています。

2018年1月に発生した、被害総額580億円のコインチェックの流出事件も同じ手口でした。2019年5月には、香港のバイナンスから約45億円のビットコインが盗まれました。

さらに同年7月には、ビットポイントジャパンから約30億円が流出しています。ビットポイントジャパンでは、秘密鍵が盗まれても使えないように、秘密鍵を暗号化して管理していたといいますが、ハッカーたちはその暗号すら解除してしまいました。ビットポイントジャパンは、流出事件が起きる1か月ほど前に金融庁から業務改善命令を受け、金融庁指導の下で、内部管理体制や安全対策を充実させていただけに、対策の立てようがないと頭を抱えているようです。

また、暗号資産が流出した後の犯人の特定や、流出した暗号資産の回収も進んでいないというところにも問題があります。ブロックチェーン技術を通じて、盗まれた暗号資産の所在地を特定することはかろうじてできるようですが、本人確認をしっかりしていない交換所も多いため、犯人の特定が難しくなっているのです。現状、イタチごっこになっている交換業者とハッカーとの攻防戦。100%信頼できる安全対策を打つことはなかなか難しいようです。

暗号資産の種類

暗号資産には数多くの種類があります。この章では、最も有名な暗号資産であるビットコインの紹介から、イーサリアム、リップル、新しい経済の枠組みを目指す目的で作られたネム、日本で開発された暗号資産モナコインなど、それぞれの暗号資産の特徴と仕組みについて紹介します。

4-1

ビットコインとアルトコイン

暗号資産の代表のようなイメージのあるビットコインですが、暗号資産はビットコイン以外にもたくさん存在します。ビットコイン以外の暗号資産のことをアルトコインと言いますが、アルトコインにはどのような特徴があるのでしょうか。

▶▶ アルトコインとは

アルトコインとはAlternative Coinの略で、Alternativeは代替案という意味です。つまりアルトコインとはビットコインの代替コインのことで、ビットコイン以外のすべての暗号資産を示す言葉です。

ほとんどのアルトコインはビットコインの技術を基にしたものなので、根本的な仕組みはビットコインと変わりません。しかし、根本的な仕組みは変わらなくとも、アルトコインはビットコインの問題点を解決する機能を持っていたり開発の目的が違ったりと、それぞれのコインごとに異なる点や特徴を持っています。

▶▶ アルトコインの種類

アルトコインはかなり多くの種類が存在し、その数は1,500種類以上とも言われ、年々増加しています。ただし、アルトコインの中で現時点で価値があるものはほんの数種類です。アルトコインは一般的にビットコインよりもボラティリティが高く、発行されてからすぐに消えてしまうコインもあれば、短期間で価値が急激に上昇するコインも存在します。

▶▶ アルトコインへの投資

そのため、アルトコインへの投資も活発に行われています。市場規模の大きくなったビットコインに比べ、成長性や投機性を見込んでアルトコイン中心に投資をするケースも多いようです。ただ、アルトコインの将来性を見極めるためには、ビットコインとの違いをしっかりと理解することが重要です。そのためには現状のビッ

トコインの仕組み、問題点や課題を把握する必要があるので、しっかりと情報を収集して投資をしないと大きな損失を出してしまう恐れもあり、初心者にはハードルが高いかもしれません。

　またアルトコインへの投資を検討する際には、詐欺にも十分に注意しなければなりません。アルトコイン開発のために**ICO**という資金調達方法が採られることがありますが、ICOの案件には詐欺案件も多いため、ホワイトペーパーと呼ばれる資料でコインの特徴や機能をしっかりと把握する必要があるでしょう。（ICOについては第9章を参照）

▶▶ ビットコインとアルトコインの違いとは？

　ビットコインとその他の暗号資産の違いは、大きく分けて3つあります。

　第1に**時価総額**です。暗号資産は需給によって価格が変動します。知名度が高く、保有者も多いビットコインは需要が高いので、時価総額では最も高い暗号資産になっていますが、それ以外のアルトコインはそれほどではありません。

　第2に**流動性**です。需要がなければすぐに換金ができないので、流動性も低くなります。

　第3に**取引所の数**です。ビットコインは世界中の取引所で取り扱われていますが、アルトコインは取り扱いのない取引所も少なくありません。

暗号資産とビットコインの関係

暗号資産

ビットコイン

取引量No.1
知名度No.1

ビットコイン以外にも暗号資産はたくさんある。総称して「アルトコイン」と呼ばれる

4-2

ビットコイン

暗号資産の代表とも言えるビットコイン。数千種類が存在すると言われる暗号資産の中でも一番の流通量を誇っていることから、「ビットコイン＝暗号資産」と考えている人も多いようです。そもそもビットコインとは何なのでしょうか。

▶▶ ビットコインとは

「ビットコイン＝暗号資産」と考える人が多い理由に、ビットコインが世界で最初に作られた暗号資産であることや、1,500種類を超える暗号資産の中で時価総額が最大であることなどが挙げられると思います。しかし、ビットコインは暗号資産そのものではありません。法定通貨にも「円」や「ドル」といった様々な種類の通貨があるのと同じように、ビットコインも数ある暗号資産の中の1つということになります。

▶▶ ビットコインの特徴

ビットコインの特徴は、個人間のP2P技術で運営される完全分散型のシステムで、管理者の存在しない**非中央集権型の電子決済システム**であるという点です。

今まで電子決済システムは、必ず仲介者が存在することで成り立ってきました。銀行決済では銀行が、クレジットカード決済では信販会社が、電子マネーでは発行会社が仲介者となります。

一方、ビットコインにはこの仲介者が存在しません。つまり、お金をやりとりするユーザーと、システムを処理する参加者がみんなで管理をしており、世界で初めての中央管理者不在電子決済システムであることが、ビットコインの最大の特徴と言えます。

▶▶ 基軸通貨としてのビットコイン

　ビットコインが数ある暗号資産の中でも他のアルトコインと区別されている理由に、ビットコインが暗号資産の中の基軸通貨としての役割を果たしていることが挙げられます。基軸通貨とは各通貨の基準となる通貨のことで、法定通貨では米ドルに当たります。現在存在しているほとんどの暗号資産は基本的にビットコイン建てで取引することが可能ですし、アルトコインとの取引の際には、その価格は基本的にビットコイン価格の変動による影響を受けていることが多いです。

　このような理由から、ビットコインのブランド力には強力なものがあり、数ある暗号資産の中でも中心的な存在であると言えるのではないでしょうか。

▶▶ ビットコインを持つことのメリット

　ビットコインを持つことのメリットとしては、基軸通貨としての側面が非常に大きいということでしょう。

　ビットコインは他の暗号資産と比べて、金にたとえられるほど信頼性があるということが言えます。また、発行上限が2,100万枚と決められているため、需要が上がれば価格も上昇するということが言えます。

ビットコインの特徴

通貨単位	BTC
発行枚数上限	2,100万枚
特徴	・謎の研究者の論文をもとに作られた、世界で初めての暗号資産。管理者不在の通貨として2009年にリリースされた。 ・もともとは電子決済が目的で作られ、現在も暗号資産の基軸通貨の存在を維持している。 ・現在、流通する暗号資産の中でビットコインは最も流通量が多く、暗号資産の代表格ととらえられている。
時価総額（円）	15,874,773,924,771
取扱業者例	bitFlyer、コインチェック、ビットバンク、GMOコイン、DMM Bitcoinなど

※時価総額は2019年10月18日現在

4-3

イーサリアム

イーサリアム（Ethereum）はビットコインに次ぐ暗号資産と言われており、時価総額もビットコインに次ぐ第2位となっています。そんなイーサリアムとはどのようなものなのか、その特徴などについて見ていきましょう。

▶▶ イーサリアムとは

イーサリアムはビットコインに次ぐナンバー2の暗号資産ですが、ビットコインが決済用の暗号資産であるのに対し、**イーサリアムは分散型アプリケーション（DApps）のプラットフォームのために開発されました**。ただ、イーサリアムはプラットフォームでありながら、ビットコインのような決済サービスの機能も備えています。

通貨単位は**ETH（イーサ）**です。

▶▶ スマートコントラクト

イーサリアムの最大の特徴として、**スマートコントラクト**技術の利用があります。スマートコントラクト機能とは契約の自動実行のことで、取引契約を人の手を介さず、条件を満たした場合に自動的に契約を実行するための仕組みです。

たとえばビットコインの場合、「1BTCをA君に送金する」といった取引だけをブロックチェーン上に記録しますが、イーサリアムは「1年後にA君はB君に1ETH送金する」といった契約をブロックチェーン上に記録し、1年後に1ETHを送金するという契約を実行してくれるのです。

契約情報はブロックチェーン上に保存されるため改ざんされるリスクも低く、また、契約の履行に第三者を介する必要がないため費用を抑えて手続きの時間を短縮することも可能になります。

▶▶ イーサリアムの特徴

　イーサリアムのその他の特徴として、発行枚数の上限がないことが挙げられます。暗号資産の多くはその発行上限枚数が決められていて、ビットコインは2,100万BTC、ビットコインキャッシュも同様に2,100万BCH、ライトコインは8,400万LTCといった具合です。発行上限の設定は希少価値が生まれる一方で価格の高騰を招いたりします。そのためイーサリアムはビットコインなどに比べ安定した価格を維持しやすいというメリットがあると言われています。

　他にも、ブロック作成時間に関してはビットコインの約10分に対してイーサリアムは約15秒と、スピーディーな決済が可能となっています。

　イーサリアムは1ブロックの作成にかかる時間が素早いことで知られていますが、一方の問題点としては、スマートコントラクト技術で各種の取引情報もブロックチェーンに記入することになり、それによって情報処理が遅くなる可能性もあります。今後、イーサリアムが普及することによって、スケーラビリティ問題が深刻化する場合に、こうした問題が起きる可能性があります。

イーサリアムの特徴	
通貨単位	ETH
発行枚数上限	上限なし
特徴	・Vitalik Buterinにより2013年に考案されたプロジェクトでできた暗号資産。 ・時価総額はビットコインに次いで2位。 ・「スマートコントラクト」という独自技術を採用しており、取引で行われる契約を自動的に保存し、契約の実行内容がネットワーク上に保存されるのが特徴。
時価総額（円）	2,091,029,808,488
取扱業者例	bitFlyer、コインチェック、ビットバンク、GMOコイン、DMM Bitcoinなど

※時価総額は2019年10月18日現在

第4章　暗号資産の種類

4-4

イーサリアムクラシック

イーサリアムクラシックは、2016年すでに流通していたイーサリアムという暗号資産のハードフォーク（分裂）によって誕生しました。イーサリアムクラシックが生まれた経緯や、特徴とはどのようなものなのでしょうか。

▶▶ イーサリアムクラシックはなぜ生まれたか

イーサリアムクラシックがなぜ生まれたのかを知るためには、まずThe DAO事件について知っておかなければなりません。なぜなら、イーサリアムクラシックは、The DAO事件がきっかけとなって、**イーサリアムからハードフォークにより分裂した暗号資産**だからです。

▶▶ The DAO事件とは

The DAOはイーサリアムの分散アプリケーションの1つです。DAOはDecentralized Autonomous Organizationの略で、日本語では**自律分散型組織**と訳されます。The DAOは投資ファンドを自律分散型組織で行うプロジェクトであり、投資ファンドといった中央集権的な組織をブロックチェーン技術で非中央集権的に行うという革新的な試みだったのです。

しかし、このThe DAOはスマートコントラクトの脆弱性を突かれたハッキングを受け、集めた資金のうち約60億円相当が盗まれてしまいます。この事態を収拾するために、イーサリアムの運営はブロックチェーンをハードフォークさせることにより、ハッキング自体をなかったことにしました。このことにより事態はいったん収束したかのように思われましたが、運営による介入が中央集権的なものだと主張する人達によって、より非中央集権的な暗号資産を目指したイーサリアムクラシックが誕生したのです。

▶▶ イーサリアムクラシックの特徴

　イーサリアムクラシックとイーサリアムは、機能的な違いはほとんどありません。イーサリアムクラシックは、イーサリアム同様、ブロックチェーン上に契約内容を記録し、期日になると自動で契約内容を実行してくれるスマートコントラクトと呼ばれるシステムを実装しています。

　一方で、イーサリアムクラシックはイーサリアムとの差別化を図るため、IoT分野に力を入れています。IoTとはInternet of Thingsの略で、モノとモノをインターネットでつなぐ技術のことを言い、イーサリアムクラシックはそのプラットフォームとしての開発が進められており、IoT技術とブロックチェーン技術の融合が期待されています。

イーサリアムクラシックの特徴	
通貨単位	ETC
発行枚数上限	2億1,000万枚
特徴	・イーサリアム上に作られたあるサービスのハッキングにより、巨額資金が盗まれるという事件が起き、その事件をきっかけとして生まれた暗号資産。 ・イーサリアムと機能的な違いはほとんどないが、独自機能も追加され続けている。 ・イーサリアムとの差別化のため、IoT分野での利用に力を入れている。
時価総額（円）	56,018,628,557
取扱業者例	bitFlyer、コインチェック、DMM Bitcoin など

※時価総額は2019年10月18日現在

4-5 リップル

リップルは、電子決済システムに特化したアルトコインです。そのためリップルには他の暗号資産と違う特徴があります。ここではリップルとは何か、また、特徴などについて確認していきます。

▶▶ リップルとは

リップルとは、**電子決済システムに特化したプラットフォーム**、つまりは技術そのものを指しています。そのためリップルは暗号資産と呼んでよいのかが微妙なところではありますが、分散台帳技術を利用し**XRP**という暗号資産を発行しているため、リップルは暗号資産に分類されると言われています。

▶▶ リップルの特徴

リップルは中央集権的な管理者のいないビットコインと違いRipple, Inc.（リップル社）によって運営・管理されています。リップルにはブロックチェーン技術が導入されていて、分散型取引台帳によって取引を記録していますが、リップル社による中央管理型の分散台帳技術を利用していることから、その仕組みはパブリックなブロックチェーンとは異なり、リップル社が管理・認定するバリデーターと呼ばれる承認者によって検証がなされ、一定数のバリデーターが正しいと認めることによって合意されるといった方法をとっています。

また、リップルは個人間の決済を主な目的としたビットコインなどと違い、企業間取引・国際間取引の円滑化を目的に開発されていることも、特徴の1つと言えるでしょう。

▶▶ リップルのメリット

　リップルの優れた点の1つに、取引や処理速度の速さがあります。ビットコインの決済時間は最短で10分ですが、それに対しリップルは最短4秒で決済を完了することができます。他にも国際送金を低コストで行うことができるのも、リップルのメリットと言えるでしょう。

　これらのメリットにより、リップルには**ブリッジ通貨**としての機能があります。ブリッジ通貨とは、異なる通貨同士の架け橋となる通貨のことです。従来の銀行経由の国際送金の場合、まず日本の銀行へ送金し、そこから中継銀行を経由して海外の銀行に送金されるといった仕組みのため、それぞれの処理に手数料が必要で送金手数料が高額になる上、送金速度も遅いといった問題があります。そこで中継銀行の代わりに日本の銀行からリップルに変換して海外の銀行へ送金することで、リップルのメリットを生かした素早く低コストな国際送金が可能になってくるのです。

リップルの特徴

通貨単位	XRP
発行枚数上限	1,000億枚
特徴	・2005年に運用開始。 ・リップルの総発行枚数は1000億XRPで設定されており、全枚数が発行済みのため、需給バランスがわかりやすいのが特徴。 ・「リップル」は暗号資産そのものの名称だけではなく、電子決済システムのことも意味している。電子決済に特化したプラットフォームで、最短4秒で決済を完了できる。 ・国際送金が低コストにより可能で、ブリッジ通貨としての機能のほうが注目されている。
時価総額（円）	1,410,232,428,863
取扱業者例	コインチェック、ビットバンク、GMOコイン、DMM Bitcoin など

※時価総額は2019年10月18日現在

4-6

ビットコインキャッシュ

ビットコインキャッシュは、2017年8月にビットコインのハードフォークによって誕生しました。ビットコインの問題点を解決するために誕生したコインとされていますが、ビットコインとは何が違い、どのような特徴があるのでしょうか。

▶▶ ビットコインキャッシュとは

ビットコインキャッシュは、**ビットコインのハードフォークによって誕生した暗号資産**で、その基本的な仕様はビットコインをベースにしています。ブロックサイズを大きくしたことによって、ビットコインの抱えていた送金時間遅延問題の解消を目的としていることが最大の特徴とされています。

ビットコインキャッシュのメリットとしては、ビットコインのブロックチェーンから生まれた暗号資産なので、ビットコインと同じ流通量が確保されているということでしょう。このため、流動性も高いと考えられます。

▶▶ ビットコインとの違い

ビットコインとビットコインキャッシュの違いでまず挙げられるのは、そのブロックサイズです。

ビットコインではブロックサイズの上限が1MBに決められてしまっているため、**スケーラビリティ問題**(「2-7 スケーラビリティ問題」参照)が発生します。その結果、ビットコインでは、送金に時間がかかったり送金手数料が高くなってしまいます。

この問題を解決するためには、①**ブロックに書き込むデータを圧縮して容量を軽くする**、②**ブロックの容量そのものを拡大する**、といった方法がありますが、ブロックサイズの上限を8MBに拡大し問題の解決を図っています。

また、ビットコインキャッシュはビットコインから派生したアルトコインではありますが、その開発はビットコインとは違うグループによって行われており、マイ

ニングをするマイナーも、ビットコインとは異なるマイナーが参加しているといった違いもあります。

▶▶ ビットコインキャッシュの特徴

　ビットコインキャッシュの特徴としては、送金手数料が安く送金時間も速いことが挙げられます。そのため、決済向きの暗号資産と言えるのではないでしょうか。また、マイニングの面においても**EDA（Emergency Difficulty Adjustment）**と呼ばれる新たな難易度調整システムを導入しており、取引数とマイナーの数を調整することで安定したマイニングを実現し、スムーズな取引ができるように設計されていることも、ビットコインキャッシュの特徴の1つと言えるでしょう。

第4章　暗号資産の種類

ビットコインキャッシュの特徴	
通貨単位	BCH
発行枚数上限	2,100万枚
特徴	・2017年、ビットコインが抱える適応能力の問題を改善するためにハードフォーク（システムの仕様変更）によって誕生した暗号資産。 ・取引データを書き込める容量を拡大することで、データ処理速度を速め、取引速度や送金速度を速めている。 ・送金手数料も安く、使い勝手が注目されている。
時価総額（円）	432,418,049,363
取扱業者例	bitFlyer、コインチェック、ビットバンク、GMOコイン、DMM Bitcoinなど

※時価総額は2019年10月18日現在

4-7 ライトコイン

ライトコイン（LTC）は、ビットコインのソースコードをもとに作られたアルトコインです。そのため機能面でビットコインと共通する部分も多くあるのですが、ライトコインの特徴とはどのようなものがあるのでしょうか。

▶▶ ライトコインとは

ライトコインはビットコインと同様、**決済用の暗号資産**として2011年10月に開発されました。ビットコインのソースコードを元に開発されているため、ライトコインとビットコインはよく似たシステムを多く採用しています。

ちなみにソースコードとは、プログラムの設計書のようなもののことです。そのため、ビットコインを「金」とした場合、ライトコインは「銀」にたとえられることがあります。

▶▶ ライトコインとビットコインの違い

ビットコインをもとに作られたライトコインですが、両者の最も明確な違いは**トランザクション**の確認時間にあります。

トランザクションとは取引のことを指し、その確認時間は取引が完了するまでの時間です。つまり、ビットコインに比べ取引承認までの時間が短く、素早く決済ができる分散型システムのコインということになります。

どのくらい違うのかというと、ビットコインのブロック生成時間が約10分なのに対し、ライトコインのブロック生成時間は約2.5分とされており、4倍から5倍も速く取引承認がされるため、ビットコインに比べ迅速な取引を行うことが可能となっています。

また、ビットコインの発行上限が2,100万枚なのに対して、ライトコインの発行上限はその4倍の8,400万枚であることも両者の違いと言えるでしょう。

▶▶ ライトコインの特徴

　ライトコインはメジャーな暗号資産として初めてSegwit（セグウィット）を導入しました。Segwitとは取引データサイズを縮小させる暗号資産のスケーラビリティ問題を解消するための方法の1つです。

　Segwitを導入したことにより、ライトコインは**ライトニングネットワーク**にも対応することが可能となります。ライトニングネットワークとはブロックチェーンの外側にバイパスのようなチェーンを作り、より高速に処理を行うことができるようになると言われてます。

　ライトコインはもともと決済用の暗号資産として開発され、実際、決済サービスへの実用化に力を入れていることから、このような技術の導入が進めば、今後ライトコインが決済手段として広く世間に浸透する可能性もあるのではないでしょうか。

ライトコインの特徴

通貨単位	LTC
発行枚数上限	8,400万枚
特徴	・ビットコインが暗号資産（仮想通貨）という概念を具現化したものであるのであれば、ライトコインは実用性を高めるために作られた暗号資産。 ・ビットコインとの共通点が多く、ビットコインは「金」、ライトコインは「銀」とたとえられる。 ・日本での人気はあまり高くないが、海外では盛んに取引されている。 ・高速送金を行うことができる「ライトニングネットワーク」を導入することができる。
時価総額（円）	377,514,909,436
取扱業者例	bitFlyer、コインチェック、ビットバンク、GMOコイン、DMM Bitcoin など

※時価総額は2019年10月18日現在

4-8
ネム

ネムはビットコインのような決済システムの利用ではなく、機会の公平性や富の分散、自由な取引を目的として開発されました。ここではネムの特徴や仕組みについて見ていきましょう。

▶▶ ネムとは

ネムは、**ネムプロジェクト**「New Economy Movement」の頭文字から名づけられた名称で、新しい経済活動を意味するプロジェクトです。

ネムプロジェクトの目的は、機会の公平性や富の分散、自由な取引などで、特定の中央集権化を解消し、新しい経済の仕組みを作ることです。そのためネムには、報酬がなるべく偏らないよう、不平等を回避できる仕組みが組み込まれています。

▶▶ PoI（Proof of Importance）

ビットコインとネムの最も異なる点として、**PoI（Proof of Importance）**があります。これはビットコインの**PoW（Proof of Work）**の問題点を解消した仕組みになっています。

ビットコインでは、マイニングにより取引データを承認すると、その作業量に見合った報酬が支払われます。これがPoWという仕組みですが、この仕組みだと、マイニングで大きな利益を得るためには、高額な設備投資や電力などが必要となり、資本力のあるマイナーに報酬が偏る性質があります。

これに対しネムの採用するPoIという仕組みは、ブロックの作成権限がネムにどれだけ貢献しているかで決まるというものです。貢献度はネムの保有量や保有期間などをスコア化したものが考慮され決まります。つまり、どれだけ資本力があっても、ネムへの貢献度が低ければブロックの作成権限が得られず、報酬をもらうことができないことになります。

▶▶ ハーベスティング

　ネムでは、ブロックを作成する作業を「マイニング」ではなく「**ハーベスティング**」と呼びます。マイニングが採掘であるのに対し、ハーベスティングは収穫です。ビットコインのPoWでは、より多くの処理を行った者に報酬が付与されるところから、採掘をイメージしマイニングと呼ばれていますが、ネムではアカウントの重要度によってそれに見合った報酬が得られるところから、収穫をイメージしハーベスティングと呼んで区別しています。

▶▶ ネムの主な特徴

　ネムの特徴としては、取引の承認が速いことが挙げられます。ビットコインのブロック生成時間は約10分ですが、ネムのブロック作成時間は約1分です。ブロック生成時間は取引データの記録にかかる時間ですので、この時間が速いということは、それだけスピーディーな取引ができるということになります。

　他にも、ネムは公開当初に発行上限の約90億XEMが配布されており、市場に出回るネムの供給量が増えることがありません。そのため、供給量が増えてネムの価値が極端に下がるといった不安が少ないこともネムの特徴と言えるでしょう。

ネムの特徴	
通貨単位	XEM
発行枚数上限	90億
特徴	・NEM（ネム）の名称は「New Economy Movement」から付けられた。国や政府にとらわれない新しい経済の枠組みを目指すという意味。 ・決済システムの利用ではなく、機会の公平性や富の分散、自由な取引を目的として開発されている。 ・取引の承認時間は約1分と速い。
時価総額（円）	42,820,693,327
取扱業者例	コインチェック、DMM Bitcoin など

※時価総額は2019年10月18日現在

第4章　暗号資産の種類

4-9 モナコイン

モナコインは『5ちゃんねる』（元2ちゃんねる）で有名なアスキーアート「モナー」を由来とする、初めて日本で開発された暗号資産です。ここではそんなモナコインの特徴などについて見ていきます。

▶▶ モナコインとは

モナコインは『5ちゃんねる』（元2ちゃんねる）から2013年12月に誕生した**初の国産暗号資産**です。『5ちゃんねる』で扱われるアスキーアート「モナー」をモチーフにしていることから、ネタコインのように思われることもありますが、技術的にはライトコインをベースに作られており、システム面での大きな問題はないと言われています。

モナコインは掲示板の5ちゃんねるから誕生した暗号資産なので、コミュニティが非常に強く、そのネットワークによってユーザーが広がっています。モナコインのファンがモナコインを広めているという強みがあります。

bitFlyerといった大手取引所での取引もスタートして、ますます注目度も認知度も上がっており、将来性が高い暗号資産です。

▶▶ モナコインの特徴

モナコインは、**オンライン上の少額取引**に使うことを目的として作られました。ライトコイン同様、ブロックの生成時間がかなり短く、90秒ごとに取引が承認されていくことから、比較的短時間で送金を行うことができます。他の暗号資産に比べてどのくらいのスピードかと言うと、暗号資産の代表とも言えるビットコインではブロックの生成は10分ごと、モナコインのベースとなっているライトコインは2.5分ごととなっているのに対し、モナコインは1.5分ごとですので、非常に素早い決済を行うことができると言えるでしょう。

▶▶ 様々な形で使われるモナコイン

　決済スピードが速いことから、モナコインは海外送金やネットショップでの決済に使われるなど、実際の決済手段として利用されています。また『5ちゃんねる』発祥ということもあり、モナコインは開発当初からコミュニティの動きが活発でした。そんなファンコミュニティが盛り上げるモナコインには、実用性のある様々なサービスが存在します。

　たとえばBitcoin mallでは、モナコインを利用した商品やサービスの購入が可能ですし、コインギフトやamatenでは、モナコインを使って様々なギフトカードを購入することが可能です。秋葉原ではPCパーツショップやメイドカフェといったリアル店舗での決済に利用することも可能です。他にもTwitter上でお金を送金できるモナコインちゃんbot（@Tipmona）といったサービスも、かつて存在しました（2019年9月10日サービス終了）。

第4章　暗号資産の種類

モナコインの特徴

通貨単位	MONA
発行枚数上限	1億512万枚
特徴	・日本最大の匿名掲示板である5ちゃんねる（元2ちゃんねる）から誕生した初の国産暗号資産。 ・送金の速さや手数料の安さに特徴がある。 ・オンライン上の少額取引に利用する目的で開発されているため、クリエイターへの投げ銭などに活用される。
時価総額（円）	7,839,726,606
取扱業者例	bitFlyer、コインチェック、ビットバンク、など

※時価総額は2019年10月18日現在

4-10
ビットコインゴールド

ビットコインゴールドは、2017年11月にビットコインのハードフォークによって誕生しました。ビットコインの中央集権化したシステムを一新することを目標としたビットコインゴールドとは、どのようなコインなのでしょうか。

▶▶ ビットコインゴールドとは

ビットコインゴールドは、**ビットコインのハードフォークによって誕生**したアルトコインで、ビットコインの中央集権化を改善するために香港のマイニンググループ「LightningASIC」により作られました。

ビットコインのマイニングは当初多くのマイナーが参加できるものでしたが、今ではASIC（Application Specific Integrated Circuit）というマイニング専用マシンで行うことが主流になっており、高価なASICを用意できる一部のマイナー集団が独占的に利益を得ている状態です。この点を改善するために、ビットコインゴールドでは、ビットコインのSHA256というアルゴリズムを変更し、**Equihash**を採用しています。

▶▶ ビットコインゴールドの特徴

ビットコインゴールドの最大の特徴は、何と言ってもビットコインのSHA256というアルゴリズムがEquihashに変更されたことにあります。

この変更により、ビットコインゴールドでは、ビットコインのマイニングで利用されているASICというマイニング専用マシンを利用できなくなり、その代わりビットコインゴールドのマイニングでは、家庭用パソコン（GPU）を使ってマイニングができるようになっています。これによってマイニングのハードルが低くなり、より多くのマイナーがマイニングに参加できるようになることで、中央集権化が改善されると言われています。

他にもビットコインゴールドは、**リプレイアタック**にも対応しているとされてい

ます。リプレイアタックとは、ハードフォークによって異なるブロックチェーンに分かれた場合、分岐前のブロックチェーンで有効な取引が分岐後のブロックチェーンでも有効になることを利用して、悪意のある者によって送金者の意図しない送金がされてしまうことを言います。ビットコインゴールドでは、このリプレイアタックに対処する機能を実装するとされており、利用者が安心して取引を行うことができると言われています。

しかしながら、2018年5月に発生した51％攻撃の標的になり、取引所から約1,750万ドル（約20億円）が盗み出されてしまいました。

51％攻撃とは、悪意ある集団がブロックチェーンの取引承認権を独占して、不正な取引の承認ができてしまうということです。このため、一度送金したアドレスとは別に、他のアドレスにも暗号資産を送金してしまうという、不正取引を承認する二重支払いが可能になってしまうのです。

今回の攻撃は、主に取引所を対象としたもので、個人投資家ではないと、ビットコインゴールドの開発チームは分析しています。今後は、このような攻撃を受けないようしっかりと対策をとっているようです。

ビットコインゴールドの特徴	
通貨単位	BTG
発行枚数上限	2,100万枚
特徴	・ビットコインの中央集権化を改善するためにハードフォーク（システムの仕様変更）によって誕生した暗号資産。 ・ASICでマイニングを行うことができない。
時価総額（円）	16,091,266,935
取扱業者例	Binance、Bitfinex、Bittrex、Huobi など

※時価総額は2019年10月18日現在

column

法定通貨の裏づけがある
ステーブルコインとは？

　ステーブルコインとは、法定通貨などに価値を固定する暗号資産のことをいいます。市場から一定の信任を得ている法定通貨を裏づけ資産とすることで、価格の安定性や、いつでも法定通貨と交換できるという信頼性があります。

　また、法定通貨の両替の必要がないので、全世界でボーダーレスな決済手段、つまり、国際通貨としての利用価値が見込まれます。

　投資対象としては、守りの資産である金と同様に、自国の通貨が暴落する可能性があれば、ステーブルコインを購入することで、自分の資産を通貨の暴落などから守ることができる資産の避難先という利用価値もあります。

　スイスに拠点を置き、世界のステーブルコインの普及を目指しているコリオン財団の調査によると、2018年10月時点で80種類以上のステーブルコインが発行、または発行予定だといいます。

　ステーブルコインには、担保型と無担保型があります。担保型は発行体が発行するステーブルコインに対して、同じ額のアメリカドルなどの法定通貨を準備金として保管しており、1対1のレートでいつでも交換できるという仕組みです。一方、無担保型は、暗号資産によって価値が担保されていたり、発行量を調整したりすることで価格を固定するという仕組みになっています。

　この2つのタイプで最も利用されているのが、担保型のステーブルコインになります。アメリカの担保型ステーブルコインの中には、アメリカの規制当局に登録していたり、準備金を定期的に外部機関で監査して、その監査結果を公開するなどの措置をとって信頼性を向上させて、利用者を増やしているものもあります。

　日本でもGMOインターネット株式会社が発行する、法定通貨の円と連動した「GMO Japanese YEN」や、三菱UFJフィナンシャル・グループが発行するMUFGコインが注目を集めています。

　2019年11月現在のところ、ステーブルコインの利用者はまだまだ投資家が多く、決済手段の国際通貨としての普及は発展途上ですが、将来的には決済通貨としての利用が大いに見込まれています。

第 **5** 章

暗号資産に関する
法律・制度

インターネットで取引ができる通貨である「暗号資産」は、まったく新しい概念で作られた取引通貨であるため、既存の金融システムの制度のコントロールを超える存在でした。

しかしながら、暗号資産の注目度が社会的に高まっていくにつれて、金融行政上、様々な規制をする必要性が出てきました。

この章では暗号資産を規制する法律や制度について紹介します。

5-1
暗号資産に関する法律・制度の整備の流れ

暗号資産の取り扱いに関して、日本は海外に比べ法整備が進んでいると言われています。日本の法整備においては2017年4月に施行された改正資金決済法がきっかけとなっていますが、その後どのような流れで法整備が進んだのでしょうか。

▶▶ 資金決済に関する法律の改正が成立

2016年6月に公布（2017年4月1日施行）された**改正資金決済法**の中で、日本で初めて暗号資産が決済の手段として法的に位置づけられました。また、それと同時に暗号資産交換業者のような暗号資産の売買や管理を業として行う者の金融庁への登録が義務づけられました。そのため同法施行以前から暗号資産交換業を営んでいた業者はすべてみなし業者となり、金融庁の審査・登録を受けることとなりました。

また、改正資金決済法以前は「ビットコインを通貨ではなく『モノ』として認定する」といった政府の公式見解が示されていたことから、暗号資産の売買に対して8%の消費税が課されていましたが、同法を踏まえ、2017年7月1日以後に行われる暗号資産の売買には消費税が課されなくなりました。

▶▶ 国税庁より暗号資産に関する所得計算上の扱いが公表

税制の面においても法整備は進んでいます。2017年12月1日、国税庁は「**仮想通貨に関する所得の計算方法等について（情報）**」を公表しました。この中で暗号資産取引により生じた所得は原則として雑所得に区分されることや、想定される取引事例ごとの具体的な計算方法などがFAQ形式で説明されています。

▶▶ 財務省が暗号資産取引に外為法の適用を発表

2018年5月18日、財務省は「**仮想通貨に関する外国為替及び外国貿易法に基づく報告**」を発表しました。もともと外国為替及び外国貿易法（外為法）では、日

本と外国との間または居住者と非居住者との間で3,000万円相当額を超える支払いを行った場合には、財務大臣への報告が必要とされています。この発表では支払いの手段に日本円や米ドルといった法定通貨だけでなく、暗号資産により支払いをした場合も含まれることが明言されました。

▶▶ 暗号資産の新たな規制にかかる法律が公布

2019年6月7日「**情報通信技術の進展に伴う金融取引の多様化に対応するための資金決済に関する法律等の一部を改正する法律**」が公布されました。暗号資産の取引に関わる資金決済法や金融商品取引法の主な改正点としては、①仮想通貨の呼称を暗号資産に変更、②交換業者が顧客から預かった金銭は信託銀行などに信託を行うことの義務づけ、③交換業者が顧客から預かった暗号資産は一部を除き原則コールドウォレットで管理し、ホットウォレットで保管する暗号資産については、別途これに見合う弁済原資保持の義務づけ、④暗号資産の証拠金取引については、外国為替証拠金取引（FX）と同様、金融商品取引法上の規制を適用、⑤交換業者による虚偽表示・誇大広告の禁止や投機を助長するような広告・勧誘の禁止、などが盛り込まれ、利用者保護やルールの明確化・透明性が示されました。今後、より安心して暗号資産の取引ができる方向に向かっていると言えるのではないでしょうか。

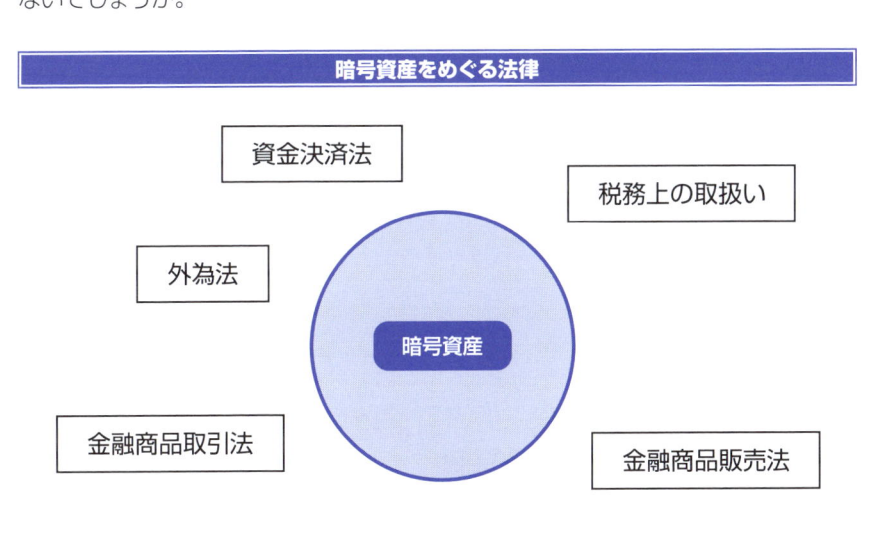

暗号資産をめぐる法律

資金決済法

税務上の取扱い

外為法

暗号資産

金融商品取引法

金融商品販売法

5-2 暗号資産と暗号資産交換業者の定義

暗号資産の歴史はまだ浅いのですが、日本の法律において、暗号資産と暗号資産交換業者はどのように定義されているのでしょうか。

▶▶ 暗号資産の定義

2017年改正資金決済法で、初めて暗号資産が何なのかということが定義づけられました。同法では、**暗号資産は支払い手段の1つである**とし、財産的価値を持つ通貨であると定められました。

また具体的には暗号資産を2種類に分類し、不特定の人に対して物を売ったり買ったりするときに使用することができるものを**1号暗号資産**、1号暗号資産と交換できるものを**2号暗号資産**としました。1号暗号資産の代表例としてはビットコイン、2号暗号資産の代表例としてはアルトコインが挙げられます。

▶▶ 暗号資産交換業者の定義

暗号資産交換業者の定義についても厳密に定められました。具体的には以下の①～③のいずれかに該当し、なおかつ④の要件を満たすものは**暗号資産交換業者として登録が必要**になりました。

①暗号資産の売買または暗号資産同士の交換をすること
②上記の行為の媒介・取次・代理をすること
③上記①、②の行為に関して利用者の金銭または暗号資産の管理をすること
④上記①～③の行為を事業として行うこと

▶▶ 暗号資産交換業者に対する規制

暗号資産交換業者に該当すると金融庁への登録が必要になり、一定の規制を受

けることになります。規制の内容としては、資本金額1,000万円以上であること、純資産額がマイナスでないことといった財務規制、顧客に正確な情報を提供する義務、財産の分別管理義務、不正アクセスなどに対するセキュリティ対策といった行為規制、帳簿書類や報告書の作成・提出などの監督規制、口座開設時の取引時確認義務や疑わしい取引の届出などの義務などといったマネーロンダリング規制があります。

暗号資産に対する法的規制

2017年改正

＜資金決済法の改正＞
- 暗号資産の定義づけ
- 暗号資産交換業者の定義づけ
- 暗号資産交換業者に対する規制

2019年改正

＜資金決済法の改正＞
- 「仮想通貨」から「暗号資産」への呼称の変更
- 暗号資産交換業の業務に関する規制の強化など

＜金融商品取引法の改正＞
- 暗号資産デリバティブ取引に対する規制の創設
- セキュリティトークンのICOの規制

＜金融商品販売法の改正＞
- 暗号資産の販売などに対する金融商品販売法の適用
- 利用者に情報を提供することが義務づけられた

第5章　暗号資産に関する法律・制度

5-3

資金決済法と暗号資産

2017年4月の改正に次いで、2019年6月には仮想通貨の暗号資産への改称や規制強化策などを盛り込んだ資金決済法の新たな改正が公布されました。新しい資金決済法と暗号資産にはどのような関係があるのでしょうか。

▶▶ 整備が進む資金決済法

2019年6月7日、政府は「**情報通信技術の進展に伴う金融取引の多様化に対応するための資金決済に関する法律等の一部を改正する法律**」を公布しました。内容には、法律上の仮想通貨の呼称を「暗号資産」に変更する他、暗号資産をコールドウォレットなどで管理することの義務化、収益分配を受ける権利が付与されたICOトークン（セキュリティトークン）は金融商品取引法の対象であることの明確化などが含まれています。

これまで資金決済法上で仮想通貨と呼ばれていた名称が、暗号資産に改められました。名称を改めた主な理由としては、日本円などの法定通貨と明確に区別するためや、2018年の国際会議G20における首脳宣言において、仮想通貨ではなく暗号資産という呼び名が使われていたように国際的な風潮に合わせるため、などです。

▶▶ 各規制の強化と資金決済法

現行の資金決済法からは、各規制も強化されることになります。具体的には、**暗号資産の流出リスク対策の義務化**、**過剰な広告・勧誘に対する規制**、**暗号資産カストディ業務に対する規制**などがあります。

暗号資産の流出リスク対策の義務化としては、ハッキングなどによる利用者の資産流出が相次いだことから、金銭の信託義務と、暗号資産交換業者の手元で内閣府令で定める条件に該当する利用者の暗号資産と同種同量の暗号資産を保有する義務が追加されます。

　過剰な広告・勧誘に対する規制としては、広告において暗号資産交換業者の商号や登録番号、暗号資産の性質についてなどを表示する義務が課され、広告や勧誘において利用者に誤解を与えるような表示などをすることを禁止し、それぞれに罰則規定が設けられました。

　暗号資産カストディ業務に対する規制ですが、今までは利用者のために暗号資産を保管・管理するカストディ業務は、現行の資金決済法では暗号資産交換業に該当しないとされ規制の対象外でした。しかし、実際には暗号資産カストディ業務も暗号資産交換業と同様に管理している暗号資産が流出するなどのリスクがあり、また、マネーロンダリングやテロ資金供与の対策に関する国際基準（FATF勧告）によって、暗号資産カストディ業務を行う業者についても、マネーロンダリング・テロ資金供与規制の対象にすることが各国に求められていることから、暗号資産カストディ業務を暗号資産交換業として扱い、同様の規制を受けることになります。

資金決済法の改正

- 顧客の暗号資産をコールドウォレットで管理を義務づけ
- カストディ業務への規制導入
- 「暗号資産」への呼称変更
- 過剰な広告および勧誘への対応
- 信用供与にかかる情報提供義務
- 暗号資産の取引の適正化
- 利用者の暗号資産返還請求権に対する優先弁済権

第5章　暗号資産に関する法律・制度

5-4
金融商品取引法と暗号資産

金融商品や有価証券の取引に関する法律としては、金融商品取引法や金融商品販売法が挙げられます。暗号資産はこれらの法律とどのような関係があるのでしょうか。金融商品取引法と暗号資産の関係を見ていきましょう。

▶▶ 金融商品取引法とは

金融商品取引法は、元々は証券取引法でした。金融分野の規制緩和により金融市場改革や金融を取り巻く環境が大きく変わり、金融商品やその取引ルートの選択肢が広がった一方で複雑な金融商品や取引が増え、トラブルも増加していきました。

このような社会の動きの中、金融商品取引法は投資性のある金融商品を取引する際の利用者保護と、透明で公正な市場作りをめざして作られた法律なのです。そのため金融商品取引業者が登録制になり、販売や勧誘の場面を中心に業者に対して次のように規制が強化されました。

- 適合性の原則→その人に合った商品を販売・勧誘すること
- 書面交付義務→商品の仕組み、リスク、コストがわかるように記載した書面を交付すること
- 禁止行為→不招請勧誘の禁止（一部）、再勧誘の禁止（一部）、断定的判断の提供の禁止、虚偽の説明の禁止
- 損失補てんの禁止→取引によって生じた損失の補てんを禁止

▶▶ 暗号資産との関係

2019年6月に公布された改正法により、暗号資産の証拠金取引については、外国為替証拠金取引（FX）と同様に、販売や勧誘、規制などが**金融商品取引法上の**

規制の対象となることになります。

　また、2017年には資金決済法により暗号資産交換業者の登録制が導入されましたが、この改正により暗号資産の証拠金取引を扱う事業者は、新たに金融商品取引法上の登録手続きが必要になりました。この登録審査は改正法施行予定日の2020年4月から1年半以内に登録を完了させることが義務づけられていて、期限内に登録を済ませられない未登録業者はサービスを提供できなくなってしまいます。

　ICO（第9章参照）についても、投資家のリスクや流通性の高さなどを踏まえ、収益分配を受ける権利が付与されたトークンについては金融商品取引法が適用されることになり、株式などと同様、発行者による投資家への情報開示の制度やトークンの売買の仲介業者に対する販売・勧誘規制などが行われることになります。

金融商品取引法の改正

- セキュリティトークンのICOの規制
- 暗号資産のデリバティブ取引の規制
- 交換業者による虚偽表示・誇大広告の禁止
- 暗号資産FXのレバレッジ規制
- 暗号資産の取引において不公正な行為を禁止

金融商品販売法と暗号資産

金融商品や有価証券の取引に関する法律には、金融商品取引法とは別に金融商品販売法があります。暗号資産の取引と金融商品販売法にはどのような関係があるのでしょうか。

▶▶ 金融商品販売法とは

金融商品販売法は、金融商品取引法と車の両輪のような関係とも言われています。

金融商品販売法は金融商品取引の安全確保を目的とした法律で、預貯金、保険、株式、投資信託などの金融商品の販売業者に対し、消費者への説明義務と、説明しなかったことにより損害が生じた場合の販売業者の損害賠償責任が定められています。ただし、消費者は説明がなかったことと被害発生の事実を示さなければなりません。

対象となる金融商品は、預貯金、定期積金、国債、地方債、社債、株式、投資信託、金銭信託、保険・共済、抵当証券、集団投資スキーム（ファンド）持分、様々なデリバティブ取引、有価証券オプション取引、海外商品先物取引など（ただし、商品先物取引（国内）は除く）、金融商品取引法の対象範囲より広くなっています。

金融分野の規制緩和により金融商品が多様化する中、金融商品販売法が消費者保護の立場で制定されており、販売業者の説明は顧客の知識、経験、財産、目的に照らして顧客に理解されるために、必要な方法と程度で行わなければならないともされています。

▶▶ 暗号資産との関係

2019年6月に公布された改正法により、**暗号資産についても金融商品販売法が適用される**こととなりました。これにより暗号資産の現物取引や証拠金取引において通貨の価格や金融商品市場における相場などの変動により元本割れが生じる恐

れがあることや、暗号資産の販売業者の破綻などにより元本割れが生じる恐れがあることを顧客に対して説明する義務が課せられるようになります。

▶▶ 法律上、暗号資産の説明義務は2つある

たとえば、金融商品販売法において、業者に説明義務がある重要な事項とは、次の2つがあります。

◆(1) リスクに関すること

暗号資産の説明義務で最も注目されると思われる義務は、リスクについての説明でしょう。

暗号資産には元本欠損の恐れがあることや、当初、元本を上回る損失が生じる恐れがあること、リスクに関する具体的な説明（市場リスク、信用リスクなど）、取引の仕組みの重要な部分を説明することになります。

◆(2) 権利行使期限や解除できる期間の制限に関すること

権利行使期限がある場合、ある期間を過ぎると価値がゼロになる商品の場合は、その期限を説明する必要があります。また、「契約を解除できない」とか、「一定期間は解除すると違約金が発生する」といった解除できる期間の制限についての説明をする必要があります。

金融商品販売法の改正

- 利用者に取扱暗号資産の名称などの説明
- 暗号資産の仕組みやリスクについて説明
- 手数料等の契約内容の説明
- 暗号資産ウォレットを暗号資産交換業の対象に

暗号資産の価格は
当局の規制にも影響を受ける

　暗号資産は、様々な要因で価格が変動します。中央集権的な管理機構とは無縁の通貨ではありますが、各々の国の規制によって価格が大きく変動することもあります。国の規制の動向を見極めるのも、価格の変化を読む上で重要です。

　国際決済銀行のラファエル・アウアーとスティン・クレセンスが2018年に発表した国際決済銀行のワーキング・ペーパーでは、暗号資産の規制に係るニュースなどに市場がどう反応しているかについて、次の4つの現象を指摘しています。

①暗号資産の規制に係るニュースは市場に影響を与える

②マネーロンダリング規制などに関するニュースも市場に影響を与える

③政府が内容を特定せず警告することや、中央銀行によるデジタル通貨の発行に係るニュースは何も影響を与えない

④管轄権（jurisdiction）が異なると価格も異なる例が散見されており、暗号資産の市場においては一定程度市場が分断されている

　④の「管轄権」に関しては、暗号資産には全世界でつながっているようなイメージがありますが、暗号資産市場は実際には規制された国の金融行政の下にあり、その管轄区域によって市場が成り立っているということが言えます。要するに同じ暗号資産でも国によって価格差が生じる余地がある、ということになります。

　では、日本は今後、暗号資産に対してどのような対応で臨んでいくのでしょうか？　金融庁は今後、規制を強化する方向で進めていくと見られています。たとえば、すでに海外では販売されている、暗号資産を投資対象とした投資信託の組成と販売を禁止するルールを2019年中に作る予定でいます。この背景には、長期運用で資産を形成する手段として注目されている投資信託に、価格変動が大きい暗号資産の資金を流入させないという思惑があるようです。

　規制に関するニュースが多くなればなるほど、暗号資産の価格も大きく変動します。今後も各国の規制に関するニュースはよくチェックしたいものです。

暗号資産の売買

この章では、「暗号資産」はどのように購入すればいいのか、そして、一度、所有した暗号資産をどのように売却すればいいのかということについて紹介します。暗号資産がいくらから購入できるのか、取引所で購入する場合、どのような取引業者を選べばよいのか？　といった初歩的な疑問から、実際の取引口座の開き方や、レバレッジをかけて取引をする方法など、様々な取引方法を紹介します。

6-1
なぜ暗号資産に投資するのか

ビットコインを代表とする暗号資産のバブルにより、いわゆる「億り人」と言われる、暗号資産の資産価値が数億になったという人も存在します。なぜ暗号資産は投資対象として高い関心を持たれているのでしょうか。

▶▶ 暗号資産が注目される理由

暗号資産の取引所は、2010年に初めて誕生しました。その取引所で初めての売買が行われてから数年、世界各国に暗号資産の取引所が作られました。その結果、暗号資産は個人でも簡単に取引ができるようになり、投資対象として認識されるようになっていきました。

その後2016年に入ると、暗号資産の価格は右肩上がりで上昇し始め、さらに2017年にはその価格が高騰したことから、一気に世間の関心を集めることになったのです。

▶▶ 暗号資産に投資するメリット

暗号資産には、他の金融商品などにない様々なメリットがあります。一番のメリットは、何と言っても**ボラティリティ**が大きいことではないでしょうか。ボラティリティとは一般的に価格変動の度合いを示す言葉で、ボラティリティが大きい＝価格変動が大きいことを意味します。価格変動が大きいということは、それだけ大きな利益が見込めることになります。

たとえば為替相場の場合、ドル円で1日に3％の変動幅があると、市場は乱高下していると判断されてもおかしくありませんが、暗号資産であれば、1日5％程度の変動幅はむしろ普通で、時には1日10％以上変動することもあり、上手くその波に乗れば大きな利益を得ることも可能なのです。

他にも、24時間365日取引可能であることや、取引所によっては数百円から取引することが可能といったように、比較的少額からの投資が可能であることも暗号

資産の魅力ではないでしょうか。

　また、暗号資産は投機的な手段としてだけでなく、決済手段としても世の中に広く浸透していることなど、その将来性もメリットの1つと考えられるかもしれません。

▶▶ 暗号資産に投資するデメリット

　メリットで述べたボラティリティが大きいという点ですが、一方でこれはデメリットでもあると言えます。大きく利益を上げるチャンスがあるということは、大きく損をする可能性も高いということです。ビットコインは2017年12月に200万円を突破しましたが、2018年に入り価格が暴落しています。

　流動性リスクも、暗号資産のデメリットであると考えます。流動性リスクとは、売買が極端に少なくなることで取引が成立せず、売りたいときに売れない可能性があるということです。株式や他の金融商品に比べると、その取引量の関係から暗号資産の流動性リスクは高いと言わざるを得ないのではないでしょうか。

暗号資産のメリット・デメリット	
メリット	**デメリット**
・いつでも、どこからでも送金ができ、即座に反映される ・送金手数料が安い ・取引記録の改ざんが難しい ・少額から購入できる	・価格変動（ボラティリティ）が激しい ・価格を保証するものがない ・ハッキングのリスクがある ・決済に使える店などが少ない

6-2
暗号資産の入手方法

暗号資産を入手するには、複数の方法が存在します。ここでは暗号資産の代表的な入手方法として、購入する、もらう、マイニングの3つの代表的な例を見ていきます。

▶▶ 暗号資産を手に入れる3つの方法

ニュースや暗号資産交換業者などの情報から、暗号資産を手に入れたいけれども、どのようにして手に入れればいいのかわからないという人も少なくありません。多くの人は、暗号資産は取引所で購入するものと考えていると思われますが、実は暗号資産を手に入れる方法は、購入だけではありません。キャンペーンなどのサービスで暗号資産を手に入れることができたり、マイニングをすることで暗号資産を手に入れたりすることもできるのです。

ここでは、購入で手に入れる方法、キャンペーンで手に入れる方法、マイニングで手に入れる方法を紹介します。

▶▶ 取引所で購入する

暗号資産の入手方法で最も確実なのが、取引所で暗号資産を購入することです。

取引所というと、株式の売買が行われている証券取引所のようなものを思い浮かべるかもしれません。証券取引所では不特定多数の参加者同士の取引を仲介するのが一般的ですが、暗号資産の取引所は、そのような仲介の他に、取引所自体が所有する暗号資産を売買することもでき、前者を「取引所」、後者を「販売所」と言います（両者の詳細については、「6-4　取引所と販売所のメリット・デメリット」を参照）。

取引所によって購入できる暗号資産の種類が異なったり、手数料にも差があったりしますので、購入前に比較検討して、自分に合った取引所を利用するのがよいでしょう。

▶▶ キャンペーンなどでもらう

　暗号資産を入手するには、誰かからもらうという方法もあります。キャンペーンなどで、アンケートに答えたり買い物をすることでビットコインをもらえるといったものなどがあります。他にもAir Dropといって、運営元が広告宣伝のために行っている暗号資産トークンの無料配布があります。対象は主にアルトコインですが、アカウント作成やメール登録、SNSでのフォローなど様々な条件でお金をかけずに暗号資産を手に入れることができます。いずれも数量は少ないかもしれませんが、とりあえず暗号資産を所有してみたいといった人にはよい方法かもしれません。

▶▶ マイニングをする

　マイニングとは、取引の情報を記録したブロックの作成と、そのブロックの検証を行うことです。この作業がなければ暗号資産による決済システムは成立しないため、マイナーと呼ばれるマイニング参加者には、マイニング作業に応じた報酬が支払われます。この報酬は暗号資産で支払われるため、マイニングをすることにより暗号資産を入手することができるわけです。ただ、マイニングには専門的な知識や機材が必要になるため、誰でも簡単に暗号資産が入手できるといったわけではありません。（「1-7　マイニングとは」参照）

暗号資産の入手方法

①取引所で購入する

②マイニングの報酬として受け取る

③誰かに送ってもらう

6-3

暗号資産の売買方法

暗号資産の売買の方法には、取引所と販売所でそれぞれに違いがあります。ここでは取引所・販売所それぞれでの暗号資産の売買方法と、取引所における2つの売買方法の違いについて見ていきます。

▶▶ 取引所での売買方法－指値注文－

指値注文とは、自分が買いたいもしくは売りたい価格を指定する注文方法です。市場の取引価格が指定した金額になると売買が成立します。

逆に言えば、市場が自分の指定した金額にならなければ売買が成立しないため、指値注文の場合には取引の成立までに時間がかかったり、場合によっては取引自体が成立しないといったこともあり得ます。一方で取引が成立すれば自分の希望した金額で売買することができますし、他の売買方法よりもよい条件で売買できる可能性があるなどといった利点もあります。

▶▶ 取引所での売買方法－成行注文－

成行注文とは、指値注文のように売値や買値を指定せずに売買する注文方法です。成行注文は約定を優先する取引のため、買い注文を出すと、そのときに取引所に出ている最も安い価格で購入することになり、売り注文を出すと、そのときに取引所に出ている最も高い価格で売却することになります。

指値注文と違って必ず売買が成立するので、買い損ねるといったことはありませんが、最終的な購入価格は売買が成立するまでわからないため、自分が思っていた価格と違う価格で売買されてしまうリスクもあります。

▶▶ 販売所での売買方法

販売所では、暗号資産の取引所自体と売買を行います。取引所と違い売買価格が固定されているため、取引所よりも単純に売買を行うことができ、初心者にはや

さしいと言えるかもしれません。

　ほとんどの販売所は、そのときの相場に応じて購入価格と売却価格が定められていますので、取引所のように利用者が金額を指定することはありません。利用者は希望する購入数量もしくは購入金額を入力すると、自動的に購入総額もしくは購入総数が表示され、そのまま購入することができる仕組みになっています。

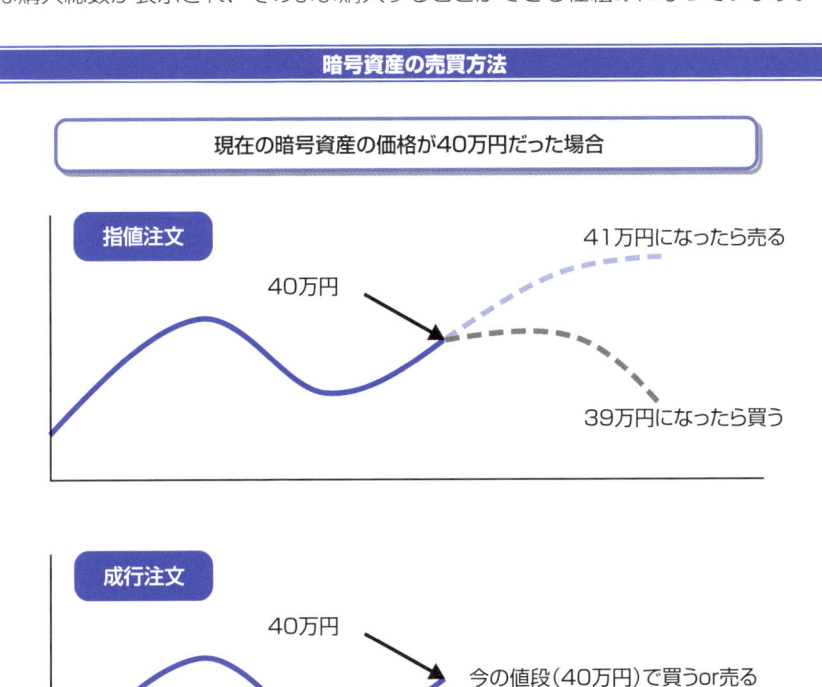

暗号資産の売買方法

現在の暗号資産の価格が40万円だった場合

指値注文

40万円

41万円になったら売る

39万円になったら買う

成行注文

40万円

今の値段（40万円）で買うor売る

第6章　暗号資産の売買

6-4
取引所と販売所のメリット・デメリット

暗号資産を売買する場所には、取引所と販売所の2つがあります。それぞれどのような違いがあるのでしょうか。ここではそれぞれのメリット・デメリットと一緒に見ていきたいと思います。

▶▶ 暗号資産の取引所とは

暗号資産を不特定多数の第三者と売買するのが取引所です。イメージとしては、証券取引所のように参加者同士の取引を仲介してくれるような感じです。

売り手と買い手の取引なので、「10,000円で売りたい」「10,000円で買いたい」といったように売りと買いの注文がマッチすることで売買が成立し、取引が成立した価格がその暗号資産の時価となります。

売り手と買い手の需要と供給のバランスによって通貨の価格が決まるため、高く買う人の注文が減れば価格が下がり、安く売る人の注文が減れば価格は上がります。

▶▶ 暗号資産の販売所とは

暗号資産を第三者と売買しているのが取引所であるのに対し、取引所自体と売買しているのが販売所です。そのため、暗号資産を購入する人は販売所が提示する価格で買い、売却する人は販売所が提示する価格で売ることになります。

▶▶ それぞれのメリット・デメリット

取引所のメリットは、何と言っても対第三者との取引のため売り買いの需要と供給が合えば売買が成立することになり、価格を指定した指値注文が可能なことでしょう。指値注文ができるため、同じ暗号資産でも、安く購入し高く売却することも可能です。デメリットとしては、売り買いの需要と供給が合わず取引が成立しなければ、指定の数量どころかまったく売買できないこともあります。

　一方、販売所のメリット・デメリットは取引所のそれとは真逆になります。メリットとしては、いつでも希望の数量がすぐに売り買いできることにあります。取引所のように売買が成立しないといったことはありません。しかし、デメリットとしては販売所の手数料が含まれているため、一般的に取引所に比べると購入のときは割高で、売却のときは安価となっています。

　まとめると、**価格重視の取引なら取引所、数量・スピード重視の取引なら販売所**といったイメージではないでしょうか。

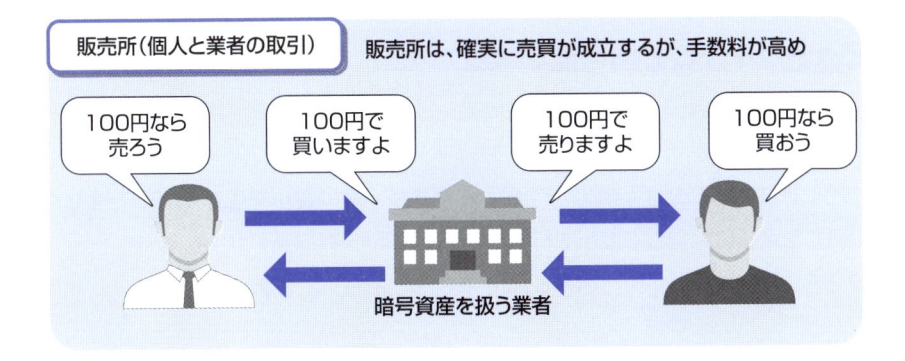

販売所と取引所の違い

取引所（個人と個人の取引）

100円で
売りたい

取引成立

100円で
買いたい

販売所（個人と業者の取引）　販売所は、確実に売買が成立するが、手数料が高め

100円なら
売ろう

100円で
買いますよ

100円で
売りますよ

100円なら
買おう

暗号資産を扱う業者

第6章　暗号資産の売買

6-5

暗号資産を買うにはいくら必要？

暗号資産に投資すると聞くと、それなりの金額を用意しなければならないイメージがありますが、一体いくらくらいの資金が必要なのでしょうか。ここでは実際にいくらから暗号資産を購入できるのかを見ていきます。

▶▶ 暗号資産は1単位未満で買うことができる!?

2019年9月現在のビットコインの価格は、1BTCあたり約100万円前後を推移していますが、ビットコインを購入するには100万円のお金を用意しなければならないかというとそうではありません。暗号資産を購入する場合、小数点以下の単位で購入することも可能なのです。

しかし1円分のビットコインを購入することができるかというとそうではなく、取引所・販売所ごとに取引できる最低取引単位が定められています。また、最低取引単位は暗号資産の種類によっても異なるため、事前に口座を開設する取引所の最低取引単位を確認しておいたほうがよいでしょう。

▶▶ ビットコインの分割可能な単位

最も知名度が高いと言われる暗号資産・ビットコインを例に、その単位について説明します。

ビットコインの単位はBTCと表記されますが、その**最小単位は1BTCではなく、1BTCをさらに分割して取引を行うことができる仕様になっています**。ただし、分割できる限界は0.00000001BTCと決まっており、この数値を1Satoshi（サトシ）と呼んでいます。

ビットコインはサトシ・ナカモトという人物の論文が基になって作り出されたため、その名前をとって1Satoshiと名づけられました。

▶▶ ビットコインの最低取引単位

　ビットコインは0.00000001BTCまで分割できるのであれば、0.00000001BTCを購入できるかというとそうではありません。暗号資産の各取引所では、それぞれ売買の注文が出せる最小の数量である**最小注文数量**と、売買注文を出す際の最低の取引単位である**最低取引単位**が決められています。

　最低取引単位はほとんどの取引所で1単位よりも小さく設定されており、ビットコインの例では0.001BTCや0.0001BTCといった具合です。つまり、1BTC＝100万円だとすると、1,000円や100円といった少額からビットコインを購入することができるのです。

販売所のビットコインの最低取引単位

●最低取引単位

取引所・販売所名	取引所	販売所
ビットフライヤー	0.001BTC	0.00000001BTC
ビットバンク	0.0001BTC	—
GMOコイン	0.0001BTC	0.0001BTC
ビットトレード	0.0001BTC	—
ビットポイント	0.0001BTC	—
DMMビットコイン	—	0.001BTC

●1BTCが40万円だった場合

最低注文数量	日本円換算
0.00000001BTC	0.004円
0.0001BTC	40円
0.001BTC	400円
0.01BTC	4,000円
0.1BTC	40,000円

第6章　暗号資産の売買

6-6
信用度が高い登録業者を選ぶ

　暗号資産取引を始めようと思ったら、まずは暗号資産取引所に口座を開設しなければなりません。そこで重要なのは信用度が高い業者を選ぶことです。では、信用度が高い業者とはどのような業者なのでしょうか。

▶▶ 信用度が高い業者とは

　暗号資産を売買するためには、暗号資産の取引所を持つ業者で口座を開設する必要があります。口座を作ることにより、その口座にお金を入れ、入金したお金で暗号資産を売買するのが一般的な流れです。

　ただ、暗号資産の交換業者は、国内・海外を含め数え切れないほど存在するため、どのようにして業者を選べばよいのか迷ってしまう人も多いでしょう。

　暗号資産の交換業者を選ぶ上で1つの基準になるのが、取引業者の信用です。信用という面から判断するのであれば、暗号資産交換業者として登録されているかどうかが1つの目安になるでしょう。

▶▶ 暗号資産交換事業者登録制度

　2017年4月より施行された改正資金決済法により、暗号資産を交換する事業を行う事業者は金融庁に登録することが必要になりました。暗号資産交換事業者を登録制にしたのは、暗号資産を利用した詐欺やマネーロンダリング、犯罪収益への移転などを防止する目的があります。その審査を受けるためにはまず、次のような要件を満たす必要があります。

- 株式会社であること
- 資本金が1,000万円以上で純資産額がマイナスでないこと
- 暗号資産交換業を適正かつ確実に遂行する体制が整備されていること
- 法令の規定を遵守するために必要な体制が整備されていること

　これらの要件を満たした上で、暗号資産交換事業者の登録申請を行うと、下記を経て登録に至ります。

- 登録にあたっての経緯や業務の内容を踏まえた事前相談
- 申請内容の確認や登録拒否要件に該当しないかの審査

　なお、登録事業者は金融庁のホームページで確認することができます（https://www.fsa.go.jp/menkyo/menkyoj/kasoutuka.pdf）。

▶▶ 非登録事業者には注意が必要

　2019年9月6日現在、関東財務局所管で17業者、近畿財務局所管で3業者の計20業者が、金融庁に暗号資産交換事業者として登録されています。もちろん登録されていれば絶対安心というわけではありませんが、暗号資産交換業者として最低限の要件を満たしていると考えることができます。

　暗号資産にはハッキング事件や詐欺的な案件も多く存在しますので、事前にしっかりと情報を集めて業者選びを行うようにしましょう。

金融庁に暗号資産交換業者として登録されている取引所	
株式会社マネーパートナーズ	TaoTao株式会社
QUOINE株式会社	Bitgate株式会社
株式会社bitFlyer	株式会社BITOCEAN
ビットバンク株式会社	コインチェック株式会社
SBI VCトレード株式会社	楽天ウォレット株式会社
GMOコイン株式会社	株式会社ディーカレット
フォビジャパン株式会社	LVC株式会社
BTCボックス株式会社	株式会社フィスコ仮想通貨取引所
株式会社ビットポイントジャパン	テックビューロ株式会社
株式会社DMM Bitcoin	株式会社Xtheta

（2019年9月6日現在）

6-7

自分に合った取引業者を選ぶ

暗号資産の取引所には様々な特徴があり、自分に合った取引所を選ぶことも非常に重要なポイントになります。では、取引所には一体どのような違いがあるのでしょうか。その違いについて確認してみましょう。

▶▶ 自分の目的に合った取引所を選ぶ

暗号資産取引所にはそれぞれにいろいろな特徴があり、自分の目的に合った暗号資産取引所を見つけることは非常に重要なことと言えます。暗号資産取引所の基本的な役割は、暗号資産の売買を行う環境を提供することですが、細かい点まで含めると、取引所ごとに提供しているサービスに違いがあることに気づくでしょう。そのため、取引所を選ぶ際には、それぞれにどういった違いがあるのかポイントを押さえておく必要があります。

▶▶ 暗号資産取引所を選ぶポイント

では、暗号資産取引所を選ぶ際にどのようなポイントを押さえておけばよいのでしょうか。

まず1つ目のポイントとしては、**取引所の安全性が高いこと**です。大切な自分の資産を守るためにも、安全性は最重要ポイントと言えるでしょう。たとえば、外部からのハッキングや、なりすましによるログインを防ぐためのセキュリティ対策は取引所として必須の対策となります。他にもサーバーの安定性やユーザーサポートが充実しているかどうかも、安全性を判断する上で大切な要素になると言えます。

また、**管理体制**も安全性を判断する上で重要です。顧客の資産と取引所の資産を分別して管理することは法令でも定められていますが、それらがきちんと行われているかに加え、取引所内部の管理体制がしっかりしているかなどが大切です。そのため、取引所の規模など運営の体制をチェックするのもよいでしょう。

　2つ目のポイントとしては、**手数料**が考えられます。取引所を使っていると様々な手数料がかかります。手数料の安さは、利益を得るために非常に重要なポイントになります。また、暗号資産には購入価格と売却価格に**スプレッド**と呼ばれる差額があります。このスプレッドも取引所によって差があるため、事前にチェックしておくとよいでしょう。

　3つ目のポイントとしては、**使いやすさ**が挙げられます。スムーズな取引を行うために、取引所のシステムの使いやすさは重要なポイントです。自分の取引スタイルに合わせて、パソコンのブラウザでの使いやすさの他に、スマホアプリでの取引のしやすさなどもチェックしておくとよいかもしれません。

　最後のポイントは取り扱っている**暗号資産の種類**です。詳しくは「6-8　取引所によって扱う暗号資産は違う」で解説しますが、1～3のポイントを満たしても自身が取引したい通貨を扱っていなければ意味がありません。その取引所がどの通貨を取り扱っているかは事前に確認しておくようにしましょう。

取引所によってサービスが異なる

- Point ①　安全性が高い
- Point ②　手数料が安い
- Point ③　システムが使いやすい
- Point ④　取り扱う暗号資産の種類

6-8
取引所によって
扱う暗号資産は違う

暗号資産の取引で特徴的なのが、取引所によって取り扱っている通貨が異なるという点です。ここでは実際に、各取引所によって取り扱っている暗号資産にどのような違いがあるのかを見ていきます。

▶▶ 取引所ごとに取り扱っている通貨が異なる

暗号資産はビットコイン以外にも様々なコインが存在しており、証券会社によって取り扱っている金融商品が異なるように、暗号資産取引所もそれぞれ取り扱っている通貨が異なります。

ビットコインやイーサリアムといったメジャーな通貨であれば、ほとんどの取引所で扱っていますが、その他のアルトコインの取り扱いについては各取引所により様々なため、口座開設の際には自分の取引したい通貨を扱っているのかを確認しておくことがポイントになります。また、通貨によって取引所を使い分けるなど複数の取引所を利用して取引するのもよいでしょう。

▶▶ 実際の取り扱いの違いを比較してみよう

暗号資産の種類は数千種類にもなると言われていますが、日本の取引所で取り扱っている通貨は限られています。ここでは金融庁に登録された暗号資産交換事業者の中から、代表的な5社の取り扱い通貨を確認してみましょう。

◆bitFlyer

ビットコイン（BTC）、イーサリアム（ETH）、イーサリアムクラシック（ETC）、ライトコイン（LTC）、ビットコインキャッシュ（BCH）、モナコイン（MONA）、リスク（LSK）

◆コインチェック

ビットコイン（BTC）、イーサリアム（ETH）、イーサリアムクラシック（ETC）、

ライトコイン（LTC）、ビットコインキャッシュ（BCH）、リップル（XRP）、ネム
（XEM）、モナコイン（MONA）、リスク（LSK）、ファクトム（FCT）

◆ビットバンク

ビットコイン（BTC）、イーサリアム（ETH）、ライトコイン（LTC）、ビットコ
インキャッシュ（BCH）、リップル（XRP）、モナコイン（MONA）

◆GMO コイン

ビットコイン（BTC）、イーサリアム（ETH）、ライトコイン（LTC）、ビットコ
インキャッシュ（BCH）、リップル（XRP）

◆DMM Bitcoin

ビットコイン（BTC）、イーサリアム（ETH）、イーサリアムクラシック（ETC）、
ライトコイン（LTC）、ビットコインキャッシュ（BCH）、リップル（XRP）、ネム
（XEM）

主な取引所ごとの取り扱い暗号資産

取引所	取り扱い暗号資産									
	BTC	ETH	ETC	LTC	BCH	MONA	LSK	XRP	XEM	FCT
bitFlyer	○	○	○	○	○	○	○			
コインチェック	○	○	○	○	○	○	○	○	○	○
ビットバンク	○	○		○	○	○		○		
GMOコイン	○	○		○	○			○		
DMM Bitcoin	○	○	○	○	○			○	○	

※各社の取り扱い通貨は2019年9月時点のものです。

第6章　暗号資産の売買

6-9

取引口座を開く

自分に合った取引所が決まったら、その取引所に口座を開設する必要があります。ここでは具体的な口座開設の手順について、一般的な例を挙げてその手順を確認していきます。

▶▶ オンライン上で簡単に登録が可能

取引所に口座を開設するというと大層なことのように感じますが、暗号資産取引所の口座は、暗号資産取引所のホームページからオンライン上で簡単に登録することができます。

▶▶ 登録の手順

❶暗号資産取引所のホームページでアカウントを作成する

まずは、暗号資産取引所のホームページにアクセスし、メールアドレスを入力します。メールアドレスを登録すると、そのアドレス宛に登録用URLが送られてきますので、送られてきたURLにアクセスし、初回パスワードなどを入力します。メールアドレスとパスワードの登録が完了すると、手続きを進めるためのマイページにログインできるようになります。

❷マイページに基本情報を登録する

マイページにログインしたら、住所・氏名・生年月日などの個人情報や、職業・取引の目的などの基本情報を入力します。これらの情報をもとに口座開設の審査が行われることになりますので、間違いのないよう注意してしっかりと入力しましょう。

❸本人確認書類をアップロードする

基本情報の登録が完了したら、本人確認書類をアップロードします。有効な本人確認書類としては、運転免許証・パスポート・住民基本台帳カード・在留カード

などがありますので、取引所の指示に従ってそれらを携帯（スマホ）などで撮影しデータをアップロードします。このとき、基本情報で登録した住所・氏名が本人確認書類のものと一致していることを確認しておくようにしましょう。

❹本人確認書類を受け取る

　審査が完了すると、後日、簡易書留で本人確認書類が送られてきます。それを受領すると本人確認が完了し、口座開設が完了します。あとは自分名義の銀行口座を登録して連携すれば、日本円を入金して暗号資産を購入したり、暗号資産を売却して日本円を銀行口座に出金したりできるようになります。

　※これらはあくまで一般的な一例ですので、詳しくは自身が口座を開設する取引所の指示に従って手続きを進めるようにしましょう。

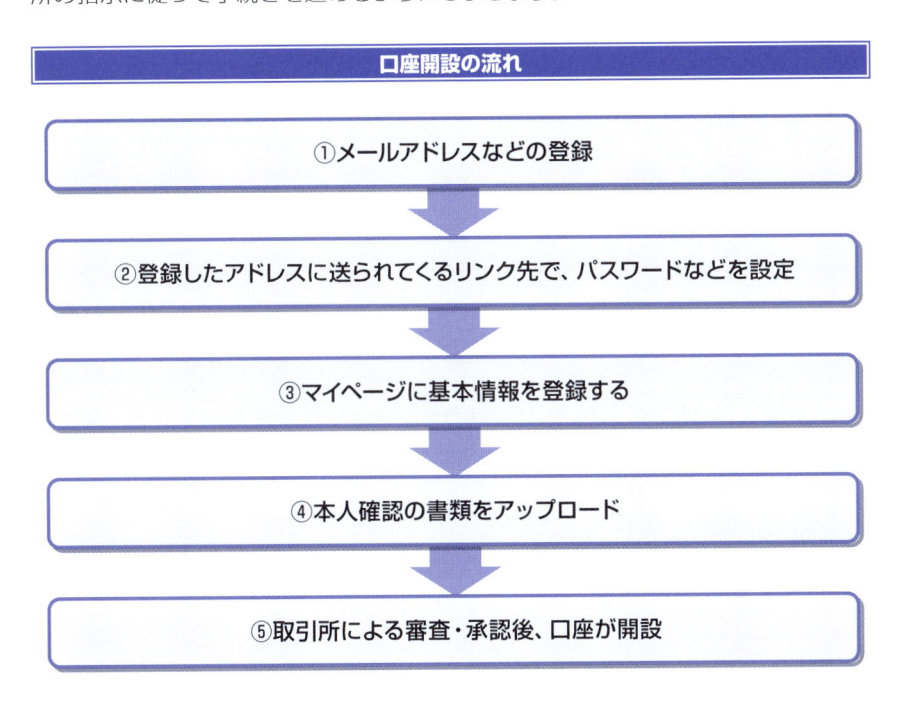

口座開設の流れ

①メールアドレスなどの登録

②登録したアドレスに送られてくるリンク先で、パスワードなどを設定

③マイページに基本情報を登録する

④本人確認の書類をアップロード

⑤取引所による審査・承認後、口座が開設

6-10
取引所ごとに価格が異なる

暗号資産は、取引所により扱っている通貨が異なることはすでに確認しましたが、実は異なるのは通貨の種類だけでなく、取引所により売買価格も異なります。なぜ同じ暗号資産でも取引所により売買価格に差があるのでしょうか。

▶▶ なぜ取引所により売買価格に差が出るのか

　株の場合は証券取引所という市場で取引が行われるため、同じ銘柄であれば売買価格は同じですが、暗号資産の場合は、同じ通貨であっても取引自体は各暗号資産交換事業者が用意した取引所で行われています。つまり、A社で出した注文はA社の取引所で取引が行われ、B社で出した注文はB社の取引所で取引が行われます。A社とB社では取引に参加している利用者が異なりますので、それぞれの取引所での需要と供給のバランスにより、価格差が生じることになります。

　ちなみに、利用者の数が多いほど値動きも安定しやすくなるため、一般的に大きな取引所ほど価格は安定しており、小さな取引所ほど価格が不安定になりがちと言われています。

　そのほかにも、取引所にいるユーザーの数や、取引量の多さや少なさ、ハッキングなどによるトラブルなどによって、価格が変動しています。

▶▶ 売買価格の差を利用した取引方法

　このように暗号資産は取引所によって売買価格が異なるため、その違いを利用した取引方法があります。たとえば、A取引所でのビットコインの価格が90万円でB取引所での価格が86万円だったとしましょう。このとき、ビットコインをB取引所で買ってA取引所で売れば、差額の4万円分の利益をあげることができます。この取引所間の価格差を利用して利益をあげる方法を**アービトラージ（さやとり）**と言い、FXなどでは有名な手法になります。

▶▶ それほど大きな価格差が生じない理由

しかし実際は、取引所の間でこれほど大きな価格差が出ることはほとんどありません。なぜかと言うと、売買価格の差を利用して利益を出そうとする市場原理が働いて、市場価格が平均化されるためです。

先ほどの例の場合、利用者はみんなB取引所でビットコインを買ってA取引所でそれを売ろうとするでしょう。そうなると、A取引所では売り注文が殺到することでビットコインの価格が下がり、B取引所では買い注文が殺到することでビットコインの価格が上がります。結果として、A取引所、B取引所ともに同じような価格に落ち着くという仕組みです。

このように、取引所のアービトラージ（さやとり）は、長期的に見ると価格が平準化されるので、あまりお勧めはできません。実際にアービトラージを行うためには、取引所ごとにアカウントを取る必要があり、口座を作るのが面倒だという人は、難しいでしょう。また、少額で暗号資産を取引していると手数料がかかって、せっかく差額で利益を得たとしても、その分が吹き飛んでしまうこともあります。取引に関わる様々なコストを見越して行うことも必要です。

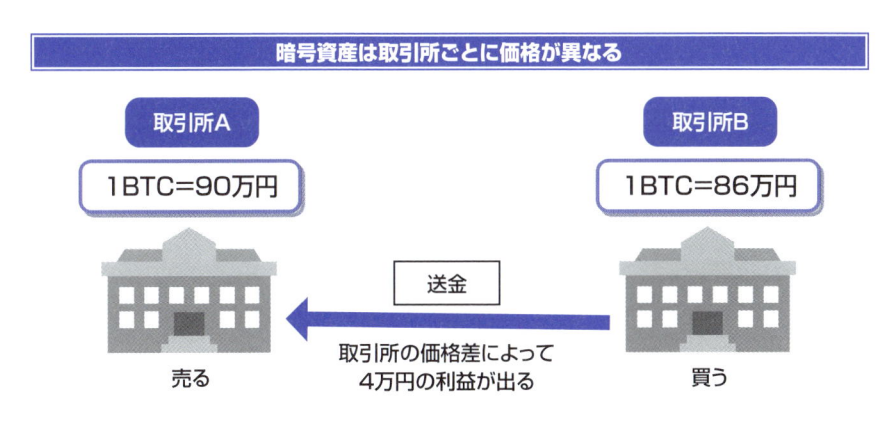

暗号資産は取引所ごとに価格が異なる

取引所A
1BTC=90万円
売る

送金
取引所の価格差によって
4万円の利益が出る

取引所B
1BTC=86万円
買う

第6章 暗号資産の売買

6-11

暗号資産FXとは

暗号資産の売買には、現物取引とレバレッジ取引の2種類の方法があります。暗号資産のレバレッジ取引のことを暗号資産FXと呼んでいますが、それはどのような取引のことなのでしょうか。

▶▶ 暗号資産FXとは

一般的にFXは、外国為替証拠金取引のことを指しています。外国為替証拠金取引とは、証拠金を業者に預けることにより、差金決済による通貨の売買を行う取引のことです。差金決済ですので実際にドルやユーロを買っているわけではなく、売買したと仮定したときの差額が利益となります。

暗号資産FXは、これと同様に暗号資産自体を売買するのではなく、取引所に証拠金を預けることによって暗号資産を売買したものとして、その差額が利益となる取引のことを言います。また特徴として、預けた証拠金の数倍から数十倍のお金を動かすことのできる**レバレッジ取引**を行うこともできます。

レバレッジ取引のレバレッジとは「てこ」という意味です。取引所に預けている証拠金にてこの原理を効かせることにより、預けているお金の何倍もの取引を行うことができる取引方法です。

▶▶ 現物取引とは？　暗号資産FXとの違いは？

現物取引は実際に法定通貨を使って暗号資産を売買する取引です。そのため、証拠金が必要ありません。

一方、暗号資産FXは**証拠金取引**のため、実際に暗号資産を保有することなく売買時の差金で決済を行います。そのため、取引所に一定額以上の証拠金を預ける必要があります。

他にも両者には売買方法の違いがあります。現物取引は基本的に買い注文からしか入れません。現物をやりとりする現物取引では、持っていないものを売ること

はできないためです。一方、暗号資産FXは証拠金取引のため、買い注文だけでなく売り注文から入ることもできます。そのため下げ相場であっても利益を得ることが可能です。

▶▶ 外国為替証拠金取引（いわゆるFX）と暗号資産FXの違い

　外国為替証拠金取引（FX）と暗号資産FXの一番の違いは、取り扱っている商品の違いです。外国為替証拠金取引はドルやユーロといった法定通貨を対象としているのに対し、暗号資産FXではビットコインなどの暗号資産を扱っています。

　次に挙げられるのは値動きの違いです。一般的に為替相場に比べ暗号資産のほうが変動幅は大きく、暗号資産の場合、時には1日10%以上変動することも珍しくありません。

　他には取引時間の違いも挙げられます。外国為替証拠金取引（FX）の場合、業者によって違いはありますが、土日は取引できないのが一般的です。一方、暗号資産FXは土日を含む24時間365日取引をすることが可能です。

暗号資産の現物取引と暗号資産FX

現物取引

1BTC=10万円のときに購入	①その後、1BTC=20万円になると	②その後、1BTC=8万円になると
10万円	+10万	−2万

暗号資産FX（レバレッジ2倍）

1BTC=10万円のときに購入	①その後、1BTC=20万円になると	②その後、1BTC=8万円になると
10万円 証拠金10万円で2BTC購入	+20万	−4万

第6章　暗号資産の売買

キムチ・プレミアムとは何か？

　暗号通貨は国内の取引所で価格差が出るということと、その価格差を利用して「さやとり」をする手法で利益を上げることができるということを本編では説明しています。しかし、価格差は国内の取引所だけではなく、海外の取引所でも存在します。

　暗号資産の価値が高い国に送金するだけで、価格差益が得られるという時代もありました。それがキムチ・プレミアムと呼ばれる現象です。2017年末、韓国で暗号資産が大人気になり、取引価格が日本などの外国の取引所に比べて割高になっていました。2017年当時では、日本では1ビットコインが約200万円でしたが、韓国では約260万円でした。キムチ・プレミアムは最大で約50％もあったのです。

　ところが、2018年に入ると、ウォン建てのビットコイン価格が国際相場を下回ることになり、キムチ・プレミアムは逆キムチ・プレミアムになって、自殺者が出るなどの社会現象にまで発展しました。

　しかし、実際に韓国の取引所で価格差益を狙うのは、難しい問題がいくつかあります。まず韓国の取引所は外国人が利用できないところも少なくありません。そして、出金は現地通貨のウォンでしなければならず、出金は韓国の取引所に付随した韓国の銀行口座で受け取らなければならない、出金の金額上限など、現地の韓国人に協力してもらわないと難しい面が多いのです。

　しかしながら、2019年6月頃にもキムチ・プレミアムに似たような現象が起きていました。しかも、代表的な暗号資産とされるビットコインだけでなく、イーサリアムやリップルなどの他のアルトコインでも値上がりしていたので、チャレンジする価値はあるかもしれません。いずれにしろ各国の価格動向について見ておくことも、価格差益を狙うためには、とても重要なことと言えそうです。

暗号資産で得た
利益の計算

　「暗号資産」で利益を出した場合、その利益には税金が課税されます。ところが、どの時点で利益が確定するのかということを理解していない人が少なくありません。税法上、どのような状態が利益を確定したことになるのかということを理解しないまま取引を続けていると、知らず知らずのうちに多額の税金が課税されることにもなります。この章では暗号資産で得た利益がいつ確定されるのかというところから、利益の具体的な計算方法、暗号資産で損失を出したときに損失がどのように扱われるかなどを紹介します。

7-1

利益と見なされる取引

個人で暗号資産取引をしている場合、どの時点で利益が確定したと見なされるのでしょうか。「円（法定通貨）に換えたとき」や「取引所などから出金したとき」など様々なタイミングが考えられますが、実際のところはどうなのでしょう。

▶▶ 国税庁の見解

2017年12月1日に発表された国税庁の見解では、「ビットコインをはじめとする暗号資産を売却又は使用することにより生じる利益については、事業所得等の各種所得の基因となる行為に付随して生じる場合を除き、原則として、雑所得に区分され、所得税の確定申告が必要となる」とされています。

つまり、「**暗号資産の売却**」と「**暗号資産の使用**」が利益と見なされる取引ということになるのです。

▶▶ 具体的にはどの時点で利益になる？

では、「暗号資産を売却する」や「暗号資産を使用する」とは、一体どの時点を指しているのでしょうか。一番イメージしやすいのは「日本円（法定通貨）に換金したとき」だと思いますが、「売却」や「使用」は日本円（法定通貨）に換金したときだけではありません。

たとえば、暗号資産で資産を購入したり、別の暗号資産とのトレードを行ったとき、マイニングをしたとき、それぞれそのときの暗号資産の値上がり益などが利益と見なされることになります。

具体的には次のケースが考えられます。

- ●暗号資産を日本円に換金したとき
  - →暗号資産の取得価格から換金時の日本円のレートで換算した差額が利益と見なされる

- 暗号資産で資産を購入したとき
  - →暗号資産の取得価格から資産を購入した際の暗号資産の日本円のレートで換算した差額が利益と見なされる
- 別の暗号資産とトレードしたとき
  - →そのトレードによって増加した暗号資産の増加分が利益と見なされる
- マイニングをしたとき
  - →マイニングにより取得した暗号資産の時価が利益と見なされる

このように暗号資産を売却または使用に該当するタイミングには様々なものがあります。明確に判断がつかないときは、保有している暗号資産が何らかの形に変わるような取引をした場合、十分注意しましょう。

利益と見なされる取引

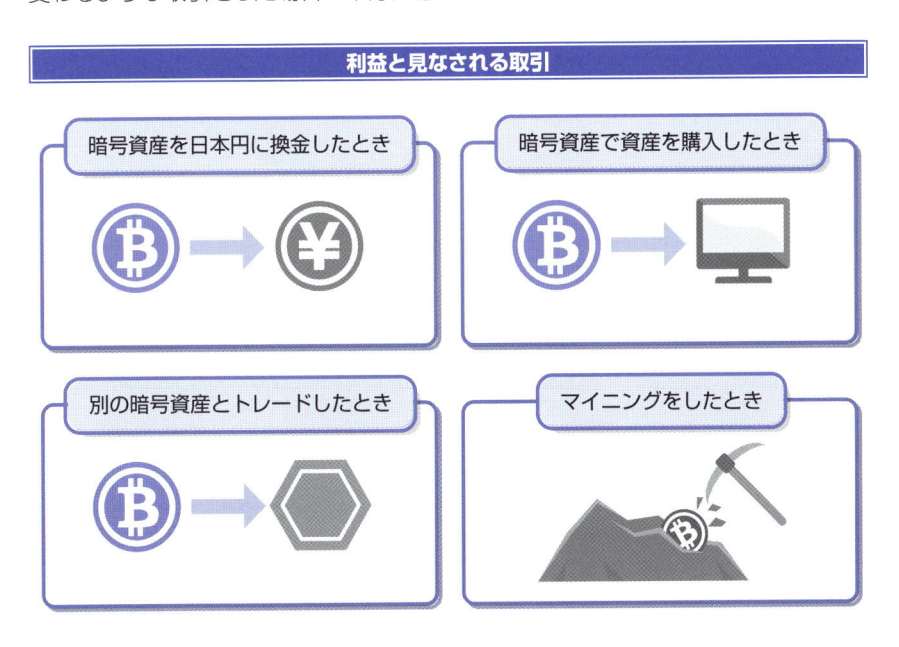

暗号資産を日本円に換金したとき

暗号資産で資産を購入したとき

別の暗号資産とトレードしたとき

マイニングをしたとき

第7章 暗号資産で得た利益の計算

7-2
利益を計算してみよう

暗号資産は、売却または使用することにより利益が確定したと見なされることを確認しました。では、実際の利益額はどのように計算するのでしょうか。最も単純な例を使って計算してみましょう。

▶▶ 暗号資産を購入する

暗号資産取引をするためには、取引所に口座を開設し、円（法定通貨）を入金するところから始まります。では、まず取引所に200万円を入金し、1BTCが100万円の相場で2BTCを購入したとします。この2BTCを売却するときに、200万円からいくらお金が増えたか（もしくは減ったか）が、利益や損失を計算する基になります。

▶▶ 暗号資産を売却する

その後、1BTCが150万円になったとします。相場が上昇したので持っていた2BTCをすべて売却し円に換金しました。すると口座の中には日本円で300万円があることになります。なお、ここでは手数料などは考慮しません。

▶▶ 取引による利益額は!?

取引による利益の額は、その暗号資産を購入した金額と、購入した暗号資産を売却した金額の差額になります。

> 300万円（売却した金額）−200万円（購入した金額）＝100万円

この場合、上記となり、100万円の利益を得たことになります。

実際の取引はもっと複雑

　このような単純な取引であれば計算は簡単なのですが、実際の取引ではそうはいきません。実際には、購入した暗号資産すべてを売却するといったことはむしろ少なく、途中で暗号資産を買い増ししたり、保有している暗号資産の一部を売却したりすることも多いのではないでしょうか。他にも保有している暗号資産で商品を購入したり、サービスの提供を受けたりしているケースもあるかもしれません。さらには複数の暗号資産取引所や複数のウォレットを利用し、様々な種類の暗号資産を取引している方も珍しくありません。

　そのような場合には、まず取引のデータを抜けなく集めるという作業から始めなければなりません。このすべての取引データを抜けなく集めるというのは意外と大変な作業で、1つのウォレットデータが抜けていただけで正確な計算ができないといったことも起こってしまいます。

利益を計算してみよう

A取引所	取引金額	取引数量	保有数	1BTCの価格
購入	2,000,000円	2BTC	2BTC	1,000,000円
売却	3,000,000円	2BTC	0BTC	1,500,000円
利益	1,000,000円			

上記なら簡単なのですが、実際の取引は、下記のようなことも多く（実際はもっと複雑です）、ウォレットのデータが1つないだけで計算はできなくなります。

A取引所	取引金額	取引数量	保有数	1BTCの価格
BTC購入	2,000,000円	2BTC	2BTC	1,000,000円
BTC購入	3,000,000円	2BTC	4BTC	1,500,000円
BTC売却	260,000円	0.2BTC	3.8BTC	1,300,000円
商品購入	360,000円	0.3BTC	3.5BTC	1,200,000円
B取引所へ	2,000,000円	2BTC	1.5BTC	1,000,000円
ウォレットへ		1BTC	0.5BTC	

B取引所	取引金額	取引数量	BTC保有数	XRP保有数	1BTCの価格	1XRPの価格
A取引所より	2,000,000円	2BTC	2BTC		1,000,000円	
XRP購入	2,000,000円	4XRP		4XRP		500,000円

ウォレット	取引数量	保有数
A取引所より	1BTC	1BTC

7-3

移動平均法

実際の取引で暗号資産を買い増ししたり、一部売却している場合の暗号資産の取得価額の計算方法として、移動平均法と総平均法という2種類の計算方法があります。ここでは移動平均法について見ていきましょう。

▶▶ 移動平均法とは

移動平均法とは、暗号資産の取得価額（購入単価）を求める計算方法の1つで、複数の取引をした場合において、その暗号資産の購入の度に取得価額を計算する方法になります。暗号資産を購入するたびに取得価額を計算するため、取引回数が増えれば増えるほど、その計算は複雑になっていきます。

具体的には、暗号資産の購入の都度、購入前に保有している暗号資産の購入金額と新たに購入した暗号資産の購入金額の和を、購入前に保有している暗号資産の数量と新たに購入した暗号資産の数量の和で除して取得価額を求めることになります。

▶▶ 移動平均法のメリット

移動平均法のメリットは、その金額が経済的な実態に即した形に近くなることにあります。1年間の平均値でざっくりと計算する総平均法に比べ、暗号資産の購入の都度、その取得価額を計算する移動平均法は、より実際の取引の利益や損失額と近い数字を計算することが可能です。ただ、相場の下落前に大量に暗号資産を購入し下落後にそれらを売却した場合には、総平均法に比べて利益が小さくなることがあります。このことは税金の計算上はメリットと言えるかもしれません。

他には、暗号資産購入の都度、取得価額の計算を行っているため、取引をするたびに利益や損失の計算をすることができ、納税額の予測が立てやすく、納税資金の準備をしておけることもメリットの1つと言えるでしょう。

▶▶ 移動平均法のデメリット

　移動平均法のデメリットは、なんと言っても計算が複雑になるということです。暗号資産の取引回数にもよりますが、購入の都度、取得価額を計算するため、取引回数が多い投資家にとっては、その計算は人間業では不可能に近いくらい複雑になるといっても過言ではないでしょう。

　他にも、相場が上昇する前に暗号資産を大量に購入した場合などには、総平均法に比べて利益が大きくなってしまうことがあります。このことは税金の計算上はデメリットと言えるかもしれません。

移動平均法

●移動平均法

		売買数量	時価（BTC）	合計金額	移動平均法の計算	
					平均単価	利益
1	購入	10BTC	1,000,000円	10,000,000円	1,000,000円	
2	売却	−1BTC	500,000円			−500,000円
3	購入	4BTC	600,000円	2,400,000円		

移動平均法では、利確のたびに所得額（利益額）を計算する

●総平均法

		売買数量	時価（BTC）	合計金額	総平均法の計算				
					購入	合計金額	平均単価	売却	利益
1	購入	10BTC	1,000,000円	10,000,000円	10BTC	10,000,000円			
2	売却	−1BTC	500,000円					500,000円	
3	購入	4BTC	600,000円	2,400,000円	4BTC	2,400,000円			
	合計				14BTC	12,400,000円	885,714円	500,000円	−385,714円

総平均法では1年の終わりに一括で利益を計算する

7-4

総平均法

移動平均法による取得価額の計算は、実際の損益に近くなるというメリットがある一方で、計算が複雑であるというデメリットがありました。ここでは暗号資産の取得価額のもう1つの計算方法である総平均法について見ていきましょう。

▶▶ 総平均法とは

総平均法とは、暗号資産の取得価額（購入単価）を求める計算方法の1つで、複数の取引をした場合であっても、1年間に購入した暗号資産の平均単価で計算する方法になります。

具体的には、年間の暗号資産の購入金額の合計額を、年間の暗号資産の購入数量で除して、取得価額を求めることになります。

1年間の間に何回の取引をしたとしても、すべての合計額で計算ができることから、移動平均法に比べると計算がかなり簡単になると言えるでしょう。

▶▶ 総平均法のメリット

総平均法のメリットは、なんと言っても計算が簡単ということです。暗号資産の購入の都度、その取得価額を計算する移動平均法に比べ、計算の手間は圧倒的に省けると言えるでしょう。他にも、相場が上昇する前に暗号資産を大量購入した場合などには、移動平均法に比べ利益が小さくなることがあります。このことは税金の計算上はメリットと言えるかもしれません。

▶▶ 総平均法のデメリット

総平均法は、1年間の平均値でざっくりと計算するため、その計算は簡単である一方、実際の取引における利益や損失の金額と、計算上の金額が大きく乖離してしまう場合があるというデメリットがあります。また、暗号資産購入時の平均単価で計算することから、相場の下落前に大量に暗号資産を購入し、下落後にそれら

を売却した場合には利益が大きくなってしまうことがあります。このことは税金の計算上はデメリットと言えるかもしれません。

　他には、1年間の合計額で計算することから、年末にならないと利益や損失の計算ができないため、納税額の予測が立てにくいこともデメリットと言えるでしょう。

▶▶ どちらの計算方法も生涯成績は同じ

　ここまで、暗号資産の取得価額の計算方法を見てきました。移動平均法と総平均法のどちらを利用するかにより、その年の利益の金額は変わることがありますが、その差は利益を計算するために対象となる期間を一度区切る必要があるためで、暗号資産取引を始めてから取引をやめるまでの利益や損失の総合計という意味（生涯成績）では、移動平均法と総平均法のどちらを選択したとしても、その金額は一致することになります。

総平均法

●移動平均法

		売買数量	時価（BTC）	合計金額	移動平均法の計算	
					平均単価	利益
1	購入	10BTC	500,000円	5,000,000円	500,000円	
2	売却	-1BTC	1,000,000円			500,000円
3	購入	4BTC	600,000円	2,400,000円		

移動平均法では、利確のたびに所得額（利益額）を計算する

●総平均法

		売買数量	時価（BTC）	合計金額	総平均法の計算				
					購入	合計金額	平均単価	売却	利益
1	購入	10BTC	500,000円	5,000,000円	10BTC	5,000,000円			
2	売却	-1BTC	1,000,000円					1,000,000円	
3	購入	4BTC	600,000円	2,400,000円	4BTC	2,400,000円			
合計					14BTC	7,400,000円	528,571円	1,000,000円	471,429円

総平均法では1年の終わりに一括で利益を計算する

7-5
暗号資産同士の損益通算はできるのか

暗号資産取引では様々な通貨を扱うことも多く、あるコインでは利益が出て、別のあるコインでは損失が出てしまうというケースも珍しくありません。そういった場合、違うコイン同士の利益と損失は相殺できるのでしょうか。

▶▶ 暗号資産取引の利益や損失は雑所得という区分に該当

所得税法では、所得の性格により個人に入ってくる収入を10種類に区分しています。利益や損失が相殺できるのかを考える上で、所得の区分は非常に重要なポイントで、所得の区分が同じであれば、基本的に利益と損失を相殺することができると考えることができます。そして暗号資産取引による所得は、10種類の所得の区分の中の**雑所得**という区分に該当することとされています。

▶▶ 総合課税と分離課税

同じ雑所得であれば、すべての利益と損失が相殺できるかというと、実はそうではありません。雑所得の中には**総合課税**の対象となるものと、**分離課税**の対象となるものがあり、それらはそれぞれの利益と損失を相殺させることはできません。

たとえば、投資の中でも外国為替証拠金取引（FX）の場合、日本の金融庁に登録された業者（主に国内業者）を利用した取引による利益や損失は分離課税の対象となり、日本の金融庁に登録されていない業者（主に海外業者）を利用した取引による利益や損失は総合課税の対象となるため、同じ外国為替証拠金取引（FX）でも、それぞれの利益と損失を相殺させることはできません。

一方で暗号資産取引に関しては、現時点（2019年9月）の税制では、現物取引や証拠金取引といった取引の違い、暗号資産の種類の違い、取引所の違い（国内取引所なのか、海外取引所なのかなど）によらず、すべてが総合課税の対象となっています。つまり、**暗号資産取引においては、今のところ、違うコイン同士の利益と損失を相殺させることができる**ということになるのです。

▶▶ 今後の動向に注意が必要

　暗号資産関連の法整備はまだまだ進んでおらず、税制においても日本仮想通貨交換業協会などから税制改正の要望書が提出されています。その中では、暗号資産の現物取引、証拠金取引のそれぞれで分離課税の対象となるよう求める内容が含まれており、今後の動向に注意が必要です。

暗号資産同士の損益通算はできるのか？

①所得を壺にたとえると、まずどの壺の中に入るのか？

⇒暗号資産は、雑所得の壺の中に入ります。

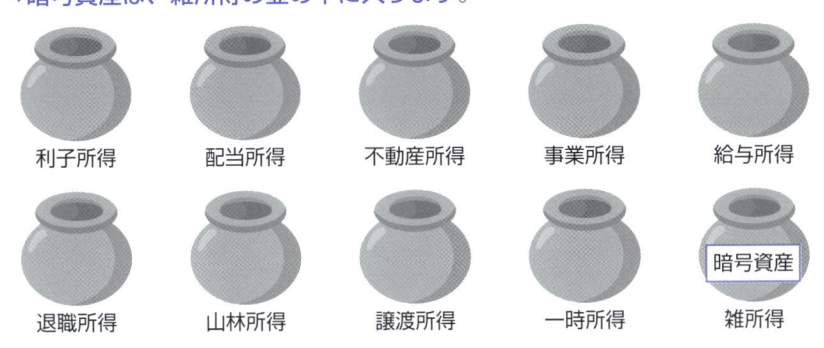

②雑所得の中でも総合課税と分離課税があり、同じ区分であれば相殺することは可能です。

⇒したがって暗号資産同士の損益通算は可能です。

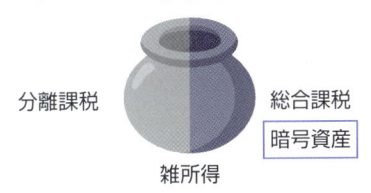

分離課税　　　　　　総合課税

暗号資産

雑所得

7-6

暗号資産利益を節税するポイント

個人で暗号資産取引をした場合、節税対策の最も基本的な方法として挙げられるのが、必要経費をしっかりと計上することです。ここでは暗号資産取引をする上で、どのようなものが経費になるのかを見ていきましょう。

▶▶ そもそも暗号資産の必要経費とは？

暗号資産取引による所得は雑所得に該当するとされており、雑所得の必要経費については、所得税法第37条第1項で定められています。

> 総収入金額に係る売上原価その他当該総収入金額を得るため直接に要した費用の額及びその年における販売費、一般管理費その他これらの所得を生ずべき業務について生じた費用（所得税法第37条第1項より一部抜粋）

つまり税法上、「暗号資産取引を行う上で、直接関連のある費用」については経費になると考えられるというわけです。

▶▶ 具体的に暗号資産の経費として計上できそうなもの

この「暗号資産取引を行う上で、直接関連のある費用」ということを踏まえて、暗号資産取引の必要経費となるものをまとめました。

一般的には、次のようなものが該当すると考えられます。

- 暗号資産の取得費
- 取引手数料
- 研修費（暗号資産セミナーの受講費など）
- 研修を受けるためにかかった交通費や宿泊費
- 新聞図書費（暗号資産取引関連の書籍や雑誌など。また暗号資産取引に関す

るE-BOOKや配信サービスなどの費用など）
- 通信費（暗号資産取引にかかった分のインターネット接続費用など）
- 暗号資産取引に関する器具・備品・消耗品費など

　ただし、通信費や取引用のパソコンなどで暗号資産取引専用として利用していないものについては、全額を経費として計上するのではなく、暗号資産取引に利用した割合で按分して、経費計上する必要があることに注意しましょう。

　なお、10万円以上のモノは減価償却資産となり、全額を一括で経費とすることができず、定められた耐用年数に応じて、少しずつ経費にしていくことになります。

　たとえば、暗号資産取引用に新しいパソコンを購入した場合だと、パソコンの耐用年数は4年となっていますので、パソコンの値段を20万円とした場合には、4年間かけて少しずつ20万円を経費にしていくことになります（厳密に言えば減価償却には定額法と定率法があるのですが、ここでは単純に定額法で説明します）。

　さらに、パソコンを購入した年は、この5万円（20万円の1/4）すら経費になりません。減価償却費を計算するときには、その資産を（この場合はパソコンです）所有していた月数で5万円をさらに按分しなければなりません。

　つまりパソコンを購入したのが12月だった場合には、5万円の1/12の約4,000円程度しか経費には計上できないということになります。

暗号資産取引の経費として考えられるもの

- 暗号資産の取得費
- 取引手数料
- 研修費
- 交通費（研修のため）
- 新聞図書費
- 通信費
- 消耗品費など

7-7
年間取引の計算

暗号資産の利益や損失の計算は、ものすごく複雑で手間がかかります。2018年からは暗号資産取引所から年間取引報告書が交付されるようになりましたが、この報告書で計算ができない場合などは、損益計算アプリを使うという方法もあります。

▶▶ 取引所からダウンロードした取引履歴で集計する

今まで暗号資産取引の利益を計算するためには、取引所からダウンロードした取引履歴からエクセルなどを使って集計する方法が一般的でした。エクセルで集計をすればすぐに計算ができると思いがちですが、実際はこの作業がとても大変で、たくさんの時間がかかります。

まず利用している取引所の取引履歴（CSVファイルなど）を集めて計算をするのですが、これらの様式は各取引所によって様々で、それらすべてを理解するだけでもかなりの労力が必要です。それぞれの様式を理解したところで取引の利益を計算していくわけですが、1つの暗号資産交換所で1種類の通貨しか取引をしていないといった場合ならまだしも、複数の取引所で複数の暗号資産を取引し、単純な売り買いだけでなく、年中での買い増しや一部売却などで取引回数も相当数になってくると、計算自体が非常に複雑で大変な作業になってきます。

▶▶ 年間取引報告書が交付されるようになった

2018年に国税庁は、暗号資産交換業者に**年間取引報告書**の作成を義務づけ、暗号資産の計算書（エクセルシート）を公開しました。年間取引報告書には各暗号資産交換所での年中購入数量、年中購入金額、年中売却数量、年中売却金額などが記載されていて、それらを暗号資産の計算書の該当箇所に転記することにより、簡単に暗号資産取引による所得金額が計算できるというものです。

今までこのような年間の取引が集計された様式のデータがなかったことを考えれば、暗号資産取引の利益がとても簡単に計算できるようになったと言えるかも

しれません。

国税庁の暗号資産の計算書では対応できないケース

　暗号資産の計算書が公開されたことにより、一部の計算は簡単になりましたが、まだこの計算書では対応できないケースがあります。具体的には2017年以前から暗号資産取引をしている、海外の暗号資産取引所を利用している、移動平均法で取得価額を計算したいといった場合には、この計算書を利用することはできません。

損益計算アプリの利用方法

　このように国税庁の暗号資産の計算書では対応できない場合、損益計算アプリを利用するという方法もあります。具体的にはCryptoLinc、Cryptact、Gtaxなどといったサービスがあり、中には税理士が監修し確定申告までサポートをしてくれるものもあります。基本的には取引所からダウンロードするデータをアップロードすることによって暗号資産取引の利益や損失の計算を行ってくれるサービスですが、対応する取引所やウォレット、サポート体制などに差がありますので、自身に合ったサービスを利用するのもよいでしょう。

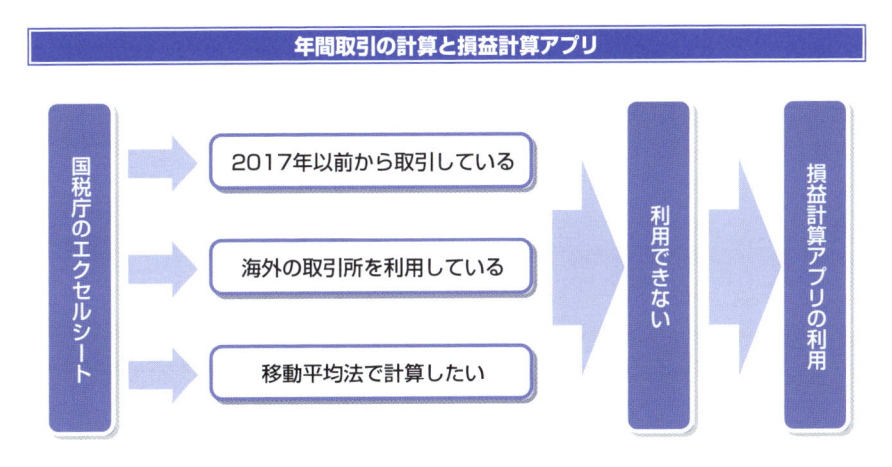

年間取引の計算と損益計算アプリ

暗号資産を取引している人は狙われている!?

2019（平成31）年度の税制改正で、税務当局の調査体制の強化・効率化が図られることが決まりました。2020（令和2）年4月1日から、マイナンバーが付された証券口座情報を、税務調査で効率的に利用できる仕組みが整備されます。具体的には、税務調査の対象となり得る個人を特定できていない場合に、情報を有するとみられる証券会社や株発行会社などに、情報提供の協力要請を行うことができる旨が法令上明確化されます。さらに一定の場合は、情報の報告を拒否した際に罰則を適用する制度が設けられるなどがあります。

すでに暗号資産による所得の申告漏れで国税庁から指摘されているのは、2019年3月時点で全国で50名、30社。総額約100億円の申告漏れを指摘されています。このような申告漏れを指摘された背景には、2018年に都内の複数の暗号資産交換業者（取引所）から顧客らの取引データの任意提出を受けて調査をしているからです。

個人投資家の多くは「利益といって少額だから申告する必要はないだろう」とタカをくくって、無申告にしてしまいがちです。ところが実際には、少額の利益でも税務調査に入られているケースは少なくないですし、現実に取引所から顧客の取引データを把握している税務署は、個人投資家がどれくらいの利益を上げているかを知ることができます。少額だからと油断して、無申告で済ませるようなことがないようにしたいものです。

税金は申告期限を過ぎた瞬間から、無申告加算税や延滞税といったペナルティが課されます。ちなみに、無申告加算税は、正当な理由なく法定期限内に申告をしなかった場合に課せられるもので、税率は最大20%です。

延滞税は、法定納期限までに納税されなかった場合、完納までの期間に応じて課せられるもので、税率は最大年8.9%（2018 ～ 2019〔平成30 ～ 31〕年中の期間。なお、延滞税の税率は年によって異なります。詳細は国税庁ホームページでご確認ください）です。

無申告で済ませることはやめましょう。

第**8**章

第

章

暗号資産の税務

この章では、所有している「暗号資産」を利益計算をした後の確定申告の方法や、納税の手続きなどを中心に紹介していきます。暗号資産については、まだまだ税法自体の整備が進んでおらず、国税庁の見解は次々と発表されています。ここでは、2019 年 11 月現在の国税庁の税法上の見解に基づいた暗号資産の税金の取り扱いについて詳しく見ていきます。

8-1

暗号資産取引と確定申告

暗号資産取引で利益が出たら、確定申告をして税金を納めなければなりません。では、具体的にどういった場合には確定申告が必要になるのでしょうか。その条件について基本的なところを確認してみましょう

▶▶ 暗号資産取引の利益はいくらから確定申告が必要になる？

確定申告が必要な条件として、よく20万円以上利益を出したらだとか、38万円以上利益が出たらなどいろいろな情報を目にしますが、最も基本的な考え方として、まず大前提として所得がある人は、原則、全員確定申告をしなくてはいけません。

ちなみにここで勘違いされがちなポイントとして、税金というのは「収入」ではなく「所得」にかかるということです。

暗号資産取引の場合「所得」というのは、**暗号資産の売却価額とその取得価額の差額から、その他の必要経費を差し引いたもの**を言います。そして、税金というのはこの「所得」にかかるものですので、所得が0、もしくはマイナスの場合には、確定申告をしなくてもよいことになっています。

▶▶ 暗号資産取引で確定申告が不要な人とは？

所得が0もしくはマイナスの人以外にも確定申告をしなくてもよい条件として、**「その年中の所得の合計額が、すべての所得控除額の合計額より少ない者」**というものがあります。たとえば、専業主婦で暗号資産取引以外の収入がない場合は、暗号資産取引による所得がすべての所得控除額の合計額以下であれば、確定申告をしなくてもよいことになります。

この「**所得控除額**」とは、社会保険料控除や生命保険料控除、扶養控除などのことで、その中には「**基礎控除**」という誰でも控除することのできる所得控除があり、この金額（基礎控除の金額）が38万円*のため、一般的に専業主婦の場合、暗号

---

*38万円：2020年からは、38万円が48万円になります。

資産取引による所得が38万円以下であれば確定申告をしなくてもよいことになりますし、逆に38万円を超えると、確定申告が必要になると考えられます。

▶▶ 会社員など給与所得者の場合

サラリーマンなどの給与所得者で、勤め先の会社での年末調整のみで納税手続きが完了している場合は、給料以外の所得の合計額が20万円以下であれば、確定申告は不要です。

ただし、この20万円以下という条件ですが、給料以外（正確には給与所得と退職所得以外）の所得の合計額ですので、暗号資産取引の他にも収入がある方は含まれません。たとえば、暗号資産以外の投資（株やFXなど）も行っていたり、不動産を所有していて家賃収入（不動産所得）があるといった場合には、暗号資産取引での所得と、それ以外の所得の合計額が20万円以下である必要がありますので注意が必要です。

なお、年末調整のみで納税手続きが完了しない人、たとえば「年収が2,000万円を超える」、「2か所以上から給与の支払いを受けている」、「医療費控除や住宅ローン控除を受けるため確定申告をしている」といった場合には、たとえ1円の所得であっても、申告をしなければ申告漏れということになる点にも注意が必要です。

確定申告が不要な人

サラリーマン（年末調整）

暗号資産の利益	≦　20万円

専業主婦（所得がない）

暗号資産の利益	≦　38万円

（※2020年からは、38万円が48万円になります）

8-2
国税庁が明らかにしている暗号資産の取り扱い

暗号資産に関する法整備はまだ十分には進んでおらず、それは税法でも同じです。ただ、以前に比べると国税庁の見解が発表されるなど、徐々にではありますが、暗号資産の税務上の取り扱いが明らかになってきています。

▶▶ 2017年6月30日までの取り扱い

以前は暗号資産に対して、「ビットコインを通貨ではなく『モノ』として認定する」といった政府の公式見解が示されていました。つまり、暗号資産は特定の発行体は存在せず、取引時の認証行為を行った者に対して自動的に発行され、取引所は世界各地に存在するが、取引時に相手方が暗号資産を受け入れる場合に限って対価として利用できることから、通貨法や外為法などの法令上の通貨には該当せず「モノ」であると位置づけられていました。簡単に言えば、金地金などと同じ扱いになるといったイメージで、2017年6月30日までの暗号資産の取引については、課税要件を満たせば「モノ」として消費税が課されていました。

▶▶ 2017年7月1日からは消費税がかからなくなった

2016年6月に公布された資金決済に関する法律（資金決済法）によって、暗号資産も紙幣などと同様に「支払いの手段」として法的に位置づけられたことを踏まえ、2017年7月1日以後に行われる暗号資産の取引については、消費税が課税されないこととなりました。

つまり、2017年6月30日までは、暗号資産の売買は消費税の課税される取引でしたので、その期間に消費税の課税事業者が暗号資産を売却した場合には消費税を納めなければなりませんし、逆に暗号資産を購入した場合には、消費税の還付を受けることができたわけですが、2017年7月1日以降は、消費税の課税されない取引のため、納税や還付は起こらなくなりました。

▶▶ 2017年12月に確定申告に向け国税庁が情報第4号を発表

　2017年9月には、国税庁ホームページのタックスアンサー No.1524にて「**仮想通貨を使用することにより利益が生じた場合の課税関係**」が公表され（現在は「仮想通貨に関する税務上の取扱いについて（情報）」へのリンクに差し替えられています）、ビットコインを使用することにより生じた利益は、原則「雑所得」に該当するとの見解を明らかにしました。

　その後、2017年12月1日には、確定申告の対象となる暗号資産の損益やその具体的な計算方法などをまとめた、「**仮想通貨に関する所得の計算方法等について（情報）**」が公表されました。この情報内で初めて、暗号資産の売却や商品の購入、他の暗号資産との交換の際の具体的な所得の計算方法などが示されています。

▶▶ その後も新しい情報が次々に発表されている

　その後、2018年11月には、前述の情報に所得税だけでなく、法人税や相続税についての取り扱いを加えた「**仮想通貨に関する税務上の取扱いについて（FAQ）**」が公表されたり、令和元年度の税制改正では保有している暗号資産の法定評価方法が定められるなど、暗号資産に関する税法は年ごとに整備が進んでいます。

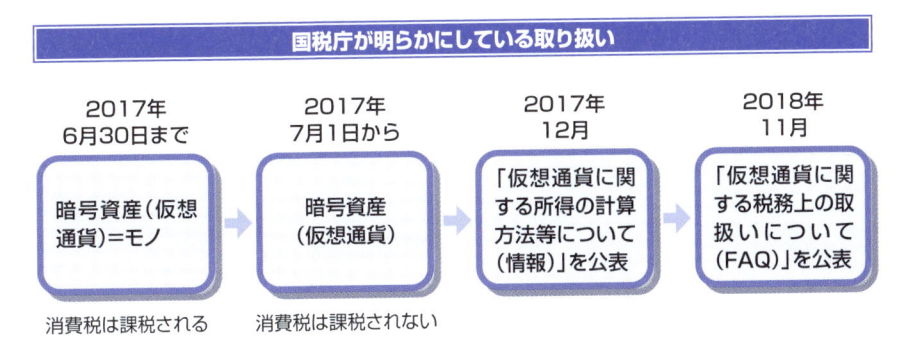

国税庁が明らかにしている取り扱い

2017年 6月30日まで	2017年 7月1日から	2017年 12月	2018年 11月
暗号資産（仮想通貨）＝モノ	暗号資産（仮想通貨）	「仮想通貨に関する所得の計算方法等について（情報）」を公表	「仮想通貨に関する税務上の取扱いについて（FAQ）」を公表

消費税は課税される　　消費税は課税されない

8-3

暗号資産を売却したとき

保有している暗号資産を売却し日本円に換金した際には、利益が確定し税金がかかることになります。ここでは暗号資産を日本円に換金した場合の、所得の計算方法について確認しましょう。

▶▶ 暗号資産を売却したときの所得の計算

暗号資産の売却について、次の取引を行ったとしましょう。

> ・3月9日、2,000,000円で4ビットコインを購入した。
> ・5月20日、0.2ビットコインを110,000円で売却した。

保有している暗号資産を売却（日本円に換金）した場合の所得金額は、その暗号資産の売却価額と売却した暗号資産の取得価額の差額となります。

つまり、計算式で表すと、

> 売却価額−1ビットコイン当たりの取得価額×売却した数量＝所得金額

となり、上の金額を当てはめると、

> 110,000円−{(2,000,000円÷4ビットコイン)×0.2ビットコイン}＝10,000円

となり、この取引における所得金額は10,000円となります。

▶▶ その他の必要経費があればそれらを差し引く

国税庁では、暗号資産取引による所得は原則として雑所得であるとの見解を示しています。雑所得の必要経費については、所得税法第37条第1項で定められていて、

「総収入金額に係る売上原価その他当該総収入金額を得るため直接に要した費用の額及びその年における販売費、一般管理費その他これらの所得を生ずべき業務について生じた費用（所得税法第37条第1項より一部抜粋）」と記されています。

　つまり税法上、「暗号資産取引を行う上で、直接関連のある費用」については経費になると考えられるというわけです。

　この点を踏まえて、暗号資産取引の必要経費となるものを具体的に考えてみます。

- ●暗号資産の取得費
- ●取引手数料
- ●研修費（暗号資産セミナーの受講費など）
- ●研修を受けるためにかかった交通費や宿泊費
- ●新聞図書費（暗号資産取引関連の書籍や雑誌など。また暗号資産取引に関するE-BOOK や配信サービス等の費用など）
- ●通信費（暗号資産取引にかかった分のインターネット接続費用など）
- ●暗号資産取引に関する器具・備品・消耗品費など

　一般的には、このようなものが該当すると考えられます（※あくまで「直接関連のある費用」の解釈論になりますが…）。

　ただし、通信費や取引用のパソコンなどで暗号資産取引専用として利用していないものについては、全額を経費として計上するのではなく、暗号資産取引に利用した割合で按分して、経費計上する必要があることに注意が必要です。

暗号資産の売却

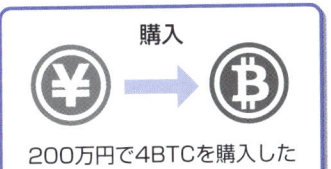

購入

200万円で4BTCを購入した

売却

0.2BTCを11万円で売却した

売却時に「11万円-200万円×0.2/4＝1万円」の利益が確定する

8-4

暗号資産で商品を購入したとき

保有している暗号資産を使って（日本円に換金することなく）直接商品を購入した際には、利益が確定し税金がかかることになります。ここでは暗号資産で商品を購入した場合の所得の計算方法について確認しましょう。

▶▶ 暗号資産で商品を購入したときの所得の計算

商品を購入する際、保有している暗号資産で次の決済を行ったとしましょう。

・3月9日、2,000,000円で4ビットコインを購入した。
・9月28日、162,000円（消費税等込）の商品を購入する際の決済に0.3ビットコインを支払った。なお、取引時における交換レートは1ビットコイン＝540,000円であった。

保有する暗号資産を商品購入の際の決済に使用した場合、その使用時点での商品価額と暗号資産の取得価額との差額が所得金額となります。

つまり、計算式で表すと、

商品価額−1ビットコイン当たりの取得価額×支払ったビットコインの数量＝所得金額

となり、上の金額を当てはめると、

162,000円−{(2,000,000円÷4ビットコイン)×0.3ビットコイン}＝12,000円

となり、この取引における所得金額は12,000円となります。

▶▶ 商品の購入以外でも利益が確定するケース

　形のある商品を購入した場合以外でも、何らかのサービスの提供を受け、その対価を暗号資産で決済したという場合には、商品を購入したとき同様に利益が確定し税金がかかることになります。たとえば外注業者に業務を依頼し、その支払いを暗号資産で決済したといった場合です。具体的な所得の計算方法は商品を購入した場合と同様で、商品価額をサービスの対価の価額に置き換えて考えればよいことになります。

> サービスの対価の価額−1ビットコイン当たりの取得価額×支払ったビットコインの数量＝所得金額

▶▶ 実際の考え方

　商品を購入したりサービスを受けただけで、なぜ暗号資産取引の利益が確定するのか疑問に感じる方もいるのではないでしょうか。この場合の考え方としては、暗号資産で直接商品代やサービス料を決済したというよりも、決済時のレートで日本円に換金し、その日本円で商品代やサービス料を支払ったと考えるとわかりやすいかもしれません。

第8章 暗号資産の税務

暗号資産での商品の購入

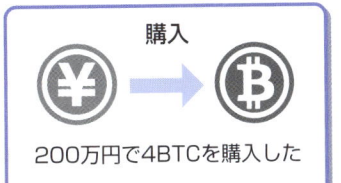
購入
200万円で4BTCを購入した

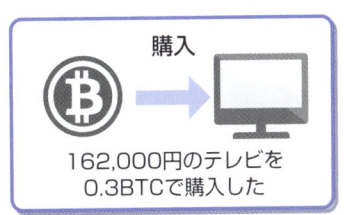
購入
162,000円のテレビを
0.3BTCで購入した

購入時に「162,000円-150,000円＝12,000円」の
利益が確定する

8-5
暗号資産と暗号資産を交換した場合

保有している暗号資産を別の暗号資産と交換した際には、利益が確定し税金がかかることになります。ここでは暗号資産を別の暗号資産と交換した場合の所得の計算方法について確認しましょう。

▶▶ 暗号資産同士の交換を行った場合の所得の計算方法

保有している暗号資産を別の暗号資産と交換するために、次の取引を行ったとしましょう。

> ・3月9日、2,000,000円で4ビットコイン(A)を購入した。
> ・11月2日、10リップル(B)を購入する際の決済に1ビットコインを支払った。なお、取引時における交換レートは1リップル＝60,000円であった。

保有する暗号資産（A）を他の暗号資産（B）を購入する際の決済に使用した場合、その使用時点で、他の暗号資産（B）の購入価額と、保有する暗号資産（A）の取得価額との差額が、所得金額となります。

計算式で表すと、

> (B)の購入価額–(A)の1単位当たりの取得価額×支払った数量＝所得金額

となり、上の金額を当てはめると、

> (60,000円×10リップル)–{(2,000,000円÷4ビットコイン)×1ビットコイン}＝100,000円

となり、この取引における所得金額は100,000円となります。

▶▶ 暗号資産同士の交換でも税金がかかる！？

　暗号資産をそのまま別の暗号資産と交換した場合、法定通貨（円など）に交換しないため、利益が確定しない（税金がかからない）と思っている人も多いようです。

　2017年12月1日に示された国税庁の見解**「仮想通貨に関する所得の計算方法等について（情報）」**では、「ビットコインをはじめとする暗号資産を売却又は使用することにより生じる利益については、（中略）原則として、雑所得に区分され、所得税の確定申告が必要になります。」とされており、暗号資産と別の暗号資産をトレードすることも、この暗号資産の使用に該当すると考えられていて、トレードした時点で利益が確定することになります。

　8-4で、暗号資産を使って商品を購入した場合には利益が確定し税金がかかることはすでに確認したとおりですが、別の暗号資産を商品と考えれば、暗号資産の交換は暗号資産Aで商品（別の暗号資産B）を購入したとも言えるため、スムーズに理解できるのではないでしょうか。

暗号資産と暗号資産の交換

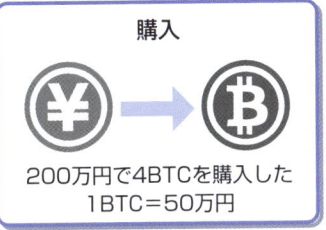

購入

200万円で4BTCを購入した
1BTC＝50万円

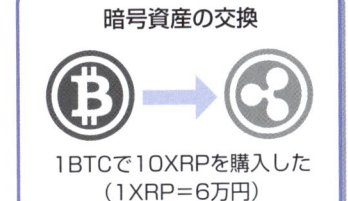

暗号資産の交換

1BTCで10XRPを購入した
（1XRP＝6万円）

XRP購入時に「6万円×10-50万円＝10万円」の利益が確定する

第8章　暗号資産の税務

8-6

暗号資産取得価額の計算

実際の暗号資産取引では、保有している暗号資産の一部を売却したり、追加で暗号資産を購入したりといったことを繰り返しているかと思います。そういった場合の取得価額は、どのように計算すればよいのでしょうか。

▶▶ 取引例

次は、暗号資産の取得価額を計算するための取引例です。

・3月9日、2,000,000円で4ビットコインを購入した。

・5月20日、0.2ビットコインを110,000円で売却した。

・9月28日、155,000円の商品購入に0.3ビットコインを支払った。

・11月2日、他の暗号資産購入（決済時点における他の暗号資産の時価600,000円）の決済に1ビットコインを支払った。

・11月30日、1,600,000円で2ビットコインを購入した。

▶▶ 移動平均法の場合

前述の取引例における3月9日時点での1ビットコイン当たりの取得価額は500,000円、11月30日時点での1ビットコイン当たりの取得価額は633,334円です。計算式を確認してみましょう。

・3月9日に取得した分の1ビットコイン当たりの取得価額

2,000,000円÷4BTC＝500,000円/BTC

3月10日から11月30日までの間に1.5BTCを売却または使用しています。

> ・11月30日の購入直前において保有しているビットコインの簿価
>
> この時点での1ビットコイン当たりの取得価額×この時点で保有しているビットコイン
>
> 500,000円×（4BTC−1.5BTC）＝1,250,000円

11月30日に2BTCを購入しました。

> ・11月30日の購入直後における1ビットコイン当たりの取得価額
>
> この時点で保有しているビットコインの簿価の総額÷この時点で保有しているビットコイン
>
> （1,250,000円＋1,600,000円）÷（2.5BTC＋2BTC）＝633,334円

※取得価額の計算上発生する1円未満の端数は、切り上げして差し支えありません。

▶▶ 総平均法の場合

　前述の取引例における1ビットコイン当たりの取得価額は600,000円です。計算式を確認してみましょう。

> 1年間に取得したビットコインの取得価額の総額÷1年間に取得したビットコイン
>
> （2,000,000円＋1,600,000円）÷（4BTC＋2BTC）＝600,000円/BTC

▶▶ 個人と法人でそれぞれ法定評価方法が定められている

　2017年12月1日付けで国税庁から発表された**「仮想通貨に関する所得の計算方法等について（情報）」**では、暗号資産の取得価額について、「同一の暗号資産を2回以上にわたって取得した場合の当該暗号資産の取得価額の算定方法としては、移動平均法を用いるのが相当です（ただし、継続して適用することを要件に、総平均法を用いても差し支えありません。）」とされていました。しかし、2019（令和元）年度税制改正において、個人においては法定評価方法を総平均法（所得税法施行令第119条の5）とし、法人においては法定評価方法を移動平均法（法人

税法施行令第118条の6第7項）とする旨が定められました。

　なお、これらの法定評価方法を変更したい場合には、定められた期限までに管轄の税務署長宛に評価方法の変更承認申請書を提出する必要があります。

暗号資産取得価額の計算

●移動平均法

		売買	売買数量	1BTC当たりの取得価格
3/9	購入	2,000,000円	4BTC	500,000円
5/20	売却	-110,000円	-0.2BTC	
9/28	商品購入	-155,000円	-0.3BTC	
11/2	アルトコイン購入	-600,000円	-1BTC	
11/30	購入直前保有		2.5BTC	500,000円
11/30	購入	1,600,000円	2BTC	633,334円

●総平均法

		購入	売却	購入数量	売却数量	1BTC当たりの取得価格
3/9	購入	2,000,000円		4BTC		
5/20	売却		-110,000円		-0.2BTC	
9/28	商品購入		-155,000円		-0.3BTC	
11/2	アルトコイン購入		-600,000円		-1BTC	
11/30	購入	1,600,000円		2BTC		
合計		3,600,000円		6BTC		600,000円

8-7

暗号資産の分裂と税金

　暗号資産の分裂（分岐）に伴い新たに誕生した暗号資産を取得した場合、この取得により税金がかかる所得が発生するのでしょうか。暗号資産の分裂（分岐）の取り扱いについて税務上の取り扱いを確認しておきましょう。

▶▶ 暗号資産は分裂する？

　ビットコインのような非中央集権的なコインでは、コインが抱える問題点の解決方法などをめぐり、ネットワーク内で意見が対立することがあります。意見の対立を発端に、ある暗号資産からまったく別の暗号資産が分裂することがあり、この分裂のことを**ハードフォーク**と呼んでいます。

　代表的な例では、ビットコインがスケーラビリティの問題（「2-7　スケーラビリティ問題」参照）を発端として、2017年8月にビットコイン（BTC）とビットコインキャッシュ（BCH）に分裂しました。

　ハードフォークで新たなコインが誕生すると、多くの場合は元のコインの保有者に新しいコインが付与されるため、ただ元のコインを持っているだけで、新しいコインを取得することになります。

▶▶ 分裂により新たな暗号資産を取得したら

　2017年12月に国税庁より発表された「**仮想通貨に関する所得の計算方法等について（情報）**」によれば、暗号資産の分裂により新たに誕生した暗号資産を取得した場合、その取得時点において課税対象となる所得は発生しないとされています。その後、2018年11月には、同庁より暗号資産に関する税務上の取扱いに係る一般的な質問等についてまとめた「**仮想通貨に関する税務上の取扱いについて（FAQ）**」が公開されましたが、暗号資産の分裂に伴う税金の取扱いについては、前述の見解と変わりありません。

　理由としては、所得税法上、経済的価値のあるものを取得した場合には、その

取得時点における時価を基にして所得金額を計算するため、暗号資産の分裂（分岐）に伴い取得した新たな暗号資産については、分裂（分岐）時点において取引相場が存在しておらず、同時点においては価値を有していなかったと考えられることから、新たな暗号資産の取得時点では所得が生じず、その新たな暗号資産を売却または使用した時点において所得が生ずることになるとされています。なお、その際の新たな暗号資産の取得価額は0円となります。

　なお、法人税についても考え方は同様で、分裂（分岐）に伴い取得した新たな暗号資産の取得価額は0円となり、分裂（分岐）に伴い新たな暗号資産を取得したことにより、所得の金額の計算上、益金の額に算入すべき収益の額はないものとされています。

暗号資産の分裂

ハードフォークで新しい暗号資産を所得したとき

ハードフォーク

取得価額＝0円

取得した暗号資産を10万円で売却したとき

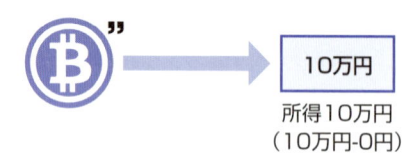

10万円

所得10万円
（10万円-0円）

暗号資産取引による所得が
事業所得となるケース

所得税法では、個人の所得をその性格により10種類に区分し、それぞれに税金を計算するためのルールを設けています。暗号資産の取引による所得は原則として「雑所得」に区分されますが、「事業所得」となるケースもあります。

▶▶ 暗号資産取引による所得は原則「雑所得」

所得税法では、たとえば個人事業を営んでいる場合の所得は「事業所得」、サラリーマンの給料による所得は「給与所得」といった具合に、その所得の性格により個人の所得を次の10種類に区分しています。

> 「利子所得」「配当所得」「不動産所得」「事業所得」「給与所得」「退職所得」
> 「山林所得」「譲渡所得」「一時所得」「雑所得」

この中で雑所得とは他の9つのいずれにも該当しない所得を言いますが、国税庁の見解では、暗号資産取引により生じた利益は、原則として雑所得に区分されるとされています。

▶▶ 暗号資産取引による所得が事業所得となるケース1

暗号資産取引自体が事業と認められる場合には、その所得は事業所得に該当する場合があるとされています。この暗号資産取引自体が事業と認められる場合とは、暗号資産取引の収入によって生計を立てていることが客観的に明らかである場合などとされていますが、過去の裁判例では事業所得の判断基準として、「事業所得とは、自己の計算と危険において独立して営まれ、営利性、有償性を有し、かつ反復継続して遂行する意思と社会的地位とが客観的に認められる業務から生ずる所得をいう。」と示しており、単に事業所得にしたいから、個人事業としての開業届を提出すればよいというものではありません。

- 事業として反復・継続的に取引を行い、かつ独立した意思をもって営まれている場合
- 相当の資本を投下してマイニングなどを行っている場合

　などが事業所得として考えられるケースであり、実際にはかなり厳しい要件であると考えられます。

▶▶ 暗号資産取引による所得が事業所得となるケース2

　暗号資産取引が、事業所得などの基因となる行為に付随したものである場合には、その所得は事業所得に該当する場合があるとされています。簡単に言えば、個人事業主がトレード目的ではなく、事業で使用するモノなどを購入するために暗号資産を保有し、それらを購入する際の決済手段として暗号資産を使用した場合の所得については、事業所得に区分することができると考えられています。

暗号資産に関する所得の区分

事業として反復・継続的に取引を行い、かつ独立した意思をもって営まれている場合

相当の資本を投下してマイニングなどを行っている場合

事業で決済手段として暗号資産を使用している場合

8-9

損失の取り扱い

損失の中には、翌年以降に繰り越すことができるものもありますが、暗号資産取引による損失はどうなのでしょうか。暗号資産取引での損失について、税務上の取り扱いを確認してみましょう。

▶▶ 暗号資産が該当する「雑所得」の税制上のルールとは？

暗号資産取引による所得は雑所得に該当し、総合課税制度の対象となります。

総合課税制度とは、他の総合課税の対象となる所得（不動産所得、事業所得、給与所得など）と所得の額を合算し、その合計額によって所得税の税率が決まる制度のことです。他の総合課税の所得と合算というと、暗号資産取引で出た利益や損失のすべてが合算できるといったイメージを持ってしまう方もいるかもしれませんが、以下の通り、そうではありませんので注意が必要です。

▶▶ 他の所得の利益と雑所得（暗号資産取引）の損失は相殺可能？

総合課税制度の対象となる所得は、それらの所得額を合算して税率が決まると述べましたが、各所得がプラスの場合でもマイナスの場合でも、すべてが合算できるわけではありません。

所得額がプラスのときには他の総合課税制度の対象となる所得と合算をするのですが、所得額がマイナスの場合には合算できる所得と合算できない所得が別に定められています。

所得の金額がマイナスの場合に、他の所得の利益と相殺させることを「**損益通算**」と言いますが、損益通算の対象となる所得は、不動産所得、事業所得、譲渡所得、山林所得となっています。

つまり、雑所得の金額の計算上生じた損失については、雑所得以外の他の所得と通算することはできません。

▶▶ 同じ雑所得であれば相殺は可能

　暗号資産取引の損失は雑所得に該当するため、他の所得の利益とその損失を相殺させることはできませんが、同じ雑所得同士であれば、それぞれの利益や損失を相殺させることができます。

　他の雑所得としては、アフィリエイトや転売ビジネスによる所得（事業所得に該当しない場合）、日本の金融庁に登録されていない海外業者を利用した海外FXによる所得などがあげられます。

　ただし、国内業者を利用したFXや先物、日経225miniなどの「分離課税」が摘要されるものとは合算することができないので注意が必要です。

▶▶ 損失の繰り越しはできるの？

　国内業者を使った個人のFX（分離課税）の場合、確定申告をすることで、損失を3年間繰り越すことが可能ですが、総合課税であるビットコインなどの暗号資産取引は、その損失を翌年以降に繰り越すことができません。

　雑所得同士で利益や損失を相殺してもなお損失が出ている場合、その損失はないものと同じことになります。

他の所得の利益と損失が相殺できる所得

（所得は10種類）　　　他の所得の利益と損失が相殺できるもの

（所得は10種類）	他の所得の利益と損失が相殺できるもの
1　利子	
2　配当	
3　不動産	3　不動産
4　事業	4　事業
5　給与	
6　退職	
7　山林	7　山林
8　譲渡	8　譲渡
9　一時	
10　雑	

（頭文字をとって「ふじさんじょう」といいます）

8-10

暗号資産の証拠金取引

一般的に証拠金取引というと外国為替証拠金取引（いわゆるFX）を想像される方も多いようです。では、暗号資産の証拠金取引（暗号資産FX）とはどのようなものなのでしょうか。税務上の取り扱いも含め確認してみましょう。

▶▶ 暗号資産FXとは

暗号資産FXとは、実際に暗号資産（現物）を売買するのではなく、将来の値動きに対して買い注文・売り注文を行うことにより建玉を保有し、その建玉を決済することにより値動きの差益・差損を受け取ることができる**証拠金取引**のことです。

大きな特徴としては、レバレッジをかけることができる点が挙げられます。レバレッジをかけることにより、保有する資金以上の取引が可能となるため、現物取引に比べ短期間で資金を増やすことができる可能性がありますが、その分リスクも高いと言えるでしょう。

▶▶ 現物取引との違いは？

現物取引との違いとしては、まず、その性質が異なることが挙げられます。暗号資産FXは証拠金取引のため、実際に暗号資産の現物を保有せず、売買時の差金で決済をすることになります。また、前述したように証拠金を預けることによりレバレッジをかけ、実際に保有する資金以上の取引をすることができることも現物取引との違いです。なお、現物取引では証拠金を預ける必要はありません。

他にも現物取引は基本的に買い注文しかできないため、暗号資産の価格が上がる相場でしか利益を得ることができませんが、暗号資産FXは買い注文だけでなく売り注文を行うことができるため、暗号資産の価格が下がる相場でも利益を得ることができます。

▶▶ 暗号資産FXの税務上の取り扱い

　FX（外国為替証拠金取引）では、金融庁に登録された業者を利用した場合、その所得は一律20%の税率（復興税を除く）となる申告分離課税の対象となるため、暗号資産FX（暗号資産の証拠金取引）においても同様に申告分離課税の対象になるのではと考える人もいるかもしれません。

　2018年11月に国税庁が発表した「**仮想通貨に関する税務上の取扱いについて（FAQ）**」では、**暗号資産の証拠金取引は申告分離課税の対象とはならない**とされています。租税特別措置法上、申告分離課税（先物取引に係る雑所得等の課税の特例）の対象は、金融商品取引法などに基づき行われる①商品先物取引等、②金融商品先物取引等、③カバードワラントの取得とされています。

　FX（外国為替証拠金取引）は②金融商品先物取引等に該当しますので、申告分離課税の対象となりますが、一方、暗号資産の証拠金取引は、これらのいずれの取引にも該当しませんので申告分離課税の対象とはならず、その取引により得た所得は、総合課税により申告・納税することになります。

暗号資産の証拠金取引

暗号資産のBUY（ロング）

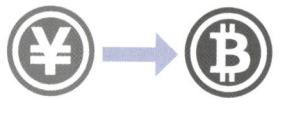

2万円で1BTCを購入した

暗号資産のSELL（ショート）

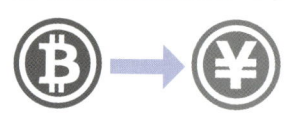

1BTCを60万円で売却した

ポジション決済時に「60万円-2万円＝58万円」の利益が確定する

FX（外国為替証拠金取引）は申告分離課税の対象となりますが、
暗号資産の証拠金取引は、総合課税の対象となります

8-11
マイニングにより取得した暗号資産の税務上の取り扱い

新たなブロックを生成し、その報酬として暗号資産を手に入れる行為のことをマイニングと言います。ここではマイニングにより新しい暗号資産を取得した場合の税務上の取り扱いを確認しておきましょう。

▶▶ 暗号資産をマイニングにより取得した場合

2018年11月に国税庁より発表された、「仮想通貨に関する税務上の取扱いについて（FAQ）」では、暗号資産をマイニングにより取得した場合、その所得は所得税または法人税の課税対象になるという見解を示しています。

所得税については、マイニングなどにより暗号資産を取得した場合、その所得は、事業所得または雑所得として課税対象となり、この場合、マイニングなどにより取得した暗号資産の取得価額に相当する金額（時価）については所得の金額の計算上総収入金額に算入され、マイニングなどに要した費用については所得の金額の計算上必要経費に算入されることになるとされています。

法人税については、マイニングなどにより暗号資産を取得した場合、その取得価額に相当する金額の収益（時価）については所得の金額の計算上益金の額に算入され、マイニングなどに要した費用については所得の金額の計算上損金の額に算入されることになるとされています。

なお、マイニングなどにより取得した暗号資産の取得価額は、暗号資産をマイニングなどにより取得した時点での時価となります。

▶▶ マイニングによる所得は事業所得になるのか

国税庁から発表されたFAQでは、マイニングによる所得は事業所得または雑所得になるとされています。では実際にマイニングによる所得を事業所得として申告しても問題はないのでしょうか。

過去の裁判などにおける事業所得の判断基準はすでに「8-8　暗号資産取引に

よる所得が事業所得となるケース」で説明した通りですが、やはりマイニングを事業として反復・継続的に行い、かつ相当の資本を投下している場合に限り事業所得として考えられる可能性があり、一般的に行われているマイニングの取引においては雑所得と考えるのが相当ではないでしょうか。

▶▶ マイニングの必要経費とは

このFAQでは、マイニングなどに要した費用は必要経費になるとの見解も示されています。マイニングなどに要した費用とは一般的に下記が考えられます。

- マイニングのセミナーに参加した参加費、その交通費
- マイニング関連の情報を集めるための書籍や情報配信の費用
- マイニングにかかった通信費
- マイニングにかかった電気代

特にマイニングは電気代が非常にかかりますので、マイニングをしている機器がどれくらいの電力を使用しているかを把握しておいたほうがよいかもしれません。

マイニングにより取得した暗号資産の税務上の取り扱い

収入金額

暗号資産の時価

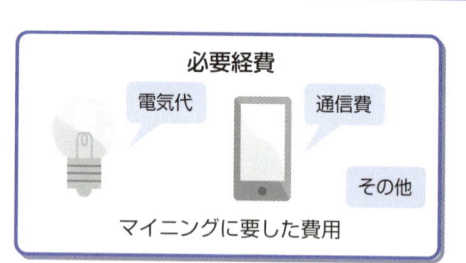

必要経費

電気代　通信費　その他

マイニングに要した費用

8-12
ICOに投資した場合の
税金の取り扱い

ICOとはInitial Coin Offeringの略で、新規事業の資金調達を目的として行われます。投資家はICOトークンの値上がりを期待して出資をするわけですが、ICOに投資した場合の税金の取り扱いはどのようになるのでしょうか。

▶▶ 税務上の取り扱いから見るICO

ICOとは、企業や団体が独自の新規トークンを発行してプロジェクトの資金を調達する方法で、概念的には有価証券による資金調達方法であるIPOとよく似ていますが、相違する点も多くあります。

たとえばIPOの場合、出資者には投資した企業の出資持分が付与され、議決権や優待制度を受ける権利を与えられますが、ICOには、現在そのような権利は一切認められていないため、税務上の取り扱いから見れば、ICOはあくまで暗号資産（トークン）の単なる売買であると考えることもできます。

ICOの一連の流れを簡単に確認すると、まず、ICO案件に出資をすることにより新規発行のトークンを受け取ります。その後トークンが上場すれば、トークンに市場価格が付き、相場が上がったところでそのトークンを売却すれば多額の利益を得ることができるという仕組みです。この一連の流れの中には、税務上、所得が生ずるタイミングが何回か存在します。

▶▶ 暗号資産でトークンを購入した時

ICOに投資をするときは、ビットコインやイーサリアムなどといった暗号資産で出資をするケースが多いようです。暗号資産を出資してトークンを購入するということは、暗号資産と暗号資産の交換に該当しますので、「8-5　暗号資産と暗号資産を交換した場合」で見たように、その時点で出資した暗号資産の利益が確定し税金がかかることがあります。

▶▶ 新規発行のトークンを売却したとき

　新規発行のトークンが無事に上場し市場価格がついたとします。市場価格がついた後でも、そのトークンを売却したりせずに保有し続けている場合においては、個人であれば税金がかかることはありません。税金が発生するのはそのトークンを売却し、法定通貨に換えるか他の暗号資産に換えたときとなります。

　トークンを売却し法定通貨（日本円など）に換えたのであれば「8-3　暗号資産を売却したとき」で確認した通りとなりますし、他の暗号資産に換えたのであれば「8-5　暗号資産と暗号資産を交換した場合」で確認した通りとなります。なお、いずれの場合もトークンの取得価額はトークンを購入する際に出資した金額になります。

ICOで税務上、所得が生じるタイミング

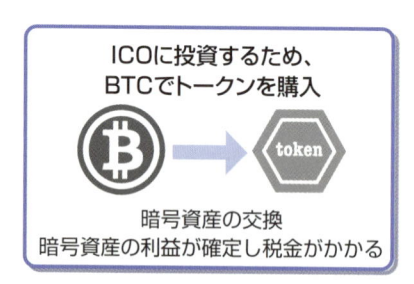

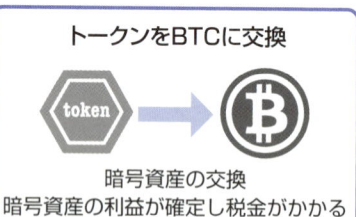

8-13
Air Dropで受け取った暗号資産の取り扱い

暗号資産のプロジェクトで行われるAir Dropでは、無料で暗号資産やトークンを受け取ることができますが、受け取った暗号資産やトークンは、税務上どのように取り扱われるのでしょうか。

▶▶ Air Dropとは

　Air Dropとは、無料で暗号資産やトークンが配布される暗号資産のプロジェクトのことで、その目的は暗号資産の知名度を上げるための一種の広報活動です。

　現在、2,000種類を超えるコインの種類があるとされており、そういった中で新規トークンを認知してもらうのは困難を極めます。そこで無料でトークンを配布することによりコインの知名度を上げようというわけです。知名度が上がれば流通も増え、結果的に新しいトークンの価値も上がると言われています。

▶▶ 上場前の取引相場のないトークンを受け取った場合

　Air Dropで配布されるトークンは上場前のものも多く、まだ市場が存在しない場合もたくさんあります。このような取引相場のないトークンを受け取ってそのまま保有している場合において、その時点では税金はかからないと考えられます。

　なぜならハードフォーク（分裂）についてはすでに国税庁の見解が発表されており（「8-7　暗号資産の分裂と税金」参照）、私見ですが、これはハードフォーク（分裂）と同様と考えられるからです。所得税法上、経済的価値のあるものを取得した場合には、その取得時点における時価を基にして所得金額を計算することになりますが、Air Dropで配布されたトークンの取引相場が存在しない以上、取得時点においてそのトークンは価値を有していなかったと考えられることから、所得が生じないものと考えられます。

　ただし、そのトークンを売却または使用（他の暗号資産と交換するなど）した場合には、その時点において所得が生ずることになり、その際のトークンの取得価額

は0円となります。

▶▶ 取引相場のあるトークンを受け取った場合

　Air Dropで配布されるトークンに、すでに市場に裏づけされた価値が存在する場合、そのトークンを受け取った時点において所得が生ずることになると考えられます。その場合の所得計算は、トークンを受け取った時点での時価を基に計算することになります。なお、その際のトークンの取得価額は0円です。

　そして、取得したトークンを改めて売却または使用（他の暗号資産と交換するなど）した場合には、その時点においても所得が生ずることになります。なお、その際のトークンの取得価額は、最初にそのトークンを取得した際の時価になります。

Air Dropで受け取ったトークンの取り扱い

上場前の取引相場のないトークンを受け取った場合

国税庁「ハードフォークで取得した暗号資産は売却時などまで課税対象とならない」

Air Dropで取得した暗号資産も売却時などまで課税対象とならない（?）

取引相場のあるトークンを受け取った場合

トークンを受け取った時点において所得が生ずる

8-14

マイニング投資と税金

マイニングにはソロマイニングとプールマイニングがありますが、最近ではソロマイニングで報酬を得ることは難しく、プールマイニングが主流になりつつあります。ここではプールマイニングの税金について確認してみましょう。

▶▶ プールマイニングとは

最近では個人でマイニングを行って報酬を得ることが難しくなっていることから、**プールマイニング**がマイニングの主流になりつつあります。プールマイニングとは、マイニングを行う組織や企業に参加してマイニングを行うことで、自分のパソコンで採掘を行う方法と採掘権を購入する**クラウドマイニング**という方法があります。また、マイニングをするために集まったグループのことをマイニングプールと言います。

▶▶ 自分のパソコンで採掘する

自分のパソコンでマイニングプールに参加する場合は、自身のGPUやマイニング専用マシン（ASIC）などを提供することになります。マイニングに成功した場合にはプール管理者にマイニング報酬が支払われ、その報酬を計算量に応じて参加者全員で分配することになります。つまり、それなりにたくさんのマイニング報酬が欲しいのであれば、それ相応のマイニングマシンが必要になりますし、それらのマシンを稼働するための電気代なども必要になってきます。

▶▶ 採掘権を購入する（クラウドマイニング）

クラウドマイニングは、自分の気に入ったマイニングプールに参加し、採掘権を購入することでマイニング報酬を得るといった方法です。マイニングファームに投資をするイメージで、自分でマイニングを行うわけではないため、専門的な知識やマイニング機材が不要であったり、電気代がかからないといったメリットがあり

ます。一方で、クラウドマイニングを主催する団体や企業が十分な利益を出すことができずに倒産してしまったり、そもそもクラウドマイニングの案件自体が詐欺案件であったというようなリスクもあります。

▶▶ プールマイニングの税金

所得の計算の考え方は「8-11　マイニングにより取得した暗号資産の税務上の取り扱い」と基本的に同様です。所得税法上、経済的価値のあるものを取得した場合には、その取得時点における時価を基にして所得金額を計算するため、受け取る報酬が確定したときにそのときの時価を基に所得を計算することになります。

受け取る報酬がどのタイミングで確定するのかは、申込時の契約書などでしっかりと確認するようにしましょう。他にも申込時に支払ったお金（権利金など名称は様々かと思います）がある場合、そのお金が必要経費になるのか、また、なる場合には一度に経費にできるのか、償却する（何年かに分けて経費にする）ものなのかも申込時の契約書などから判断する必要があります。いずれにしてもマイニングの契約内容はしっかり確認し、規約、約款、契約書などを保管しておくようにしましょう。

マイニング投資の際の注意点

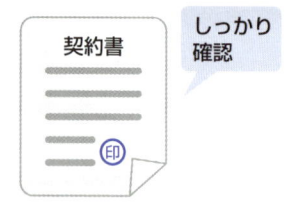

プールマイニングの税金は、取得時点における時価を基にして所得金額を計算します。
報酬がどのタイミングで確定するのかは、申込時の契約書などでしっかりと確認しましょう。

8-15
暗号資産の時価把握

国税庁から発表されている情報の中には、しばしば暗号資産の「時価」という表現が登場します。暗号資産の利益を申告する際の時価を把握するためには、どのような相場を考えればよいのでしょうか。

▶▶ 暗号資産の時価とは

国税庁が公表している「**仮想通貨に関する税務上の取扱いについて（FAQ）**」などには、しばしば**時価**という表現が登場します。たとえば、ハードフォークにより新しい暗号資産を取得した場合の所得の計算において「経済的価値のあるものを取得した場合には、その取得時点における時価を基にして所得金額を計算します。」といった具合です。

また、ビットコインなどの場合、送金手続きに時間がかかるときもあり、承認されなかった取引がキャンセルされてしまうこともあります。このようなケースではいつの時点をもって時価とするのかという問題もありますが、厳密には取引が承認された時点での時価とするべきと考えられます。

▶▶ 暗号資産の時価を正確に把握するのは大変！？

暗号資産の価格変動は、1日という期間で見ても相当の変動幅があり、暗号資産を取得した瞬間の時価や取引が承認された時点の時価を管理することは、取引回数が増えれば増えるほど膨大な労力が必要になります。

暗号資産取引所から交付される年間取引報告書と、国税庁の暗号資産の計算書（Excel）で所得が計算できる場合はよいのですが、海外の取引所を使っているなどの理由で年間取引報告書が交付されなかったり、計算書（Excel）が利用できないといった場合には、自分で暗号資産の時価情報を収集しなければなりません。

自分で時価情報を管理することが困難な場合、「7-7　年間取引の計算」で紹介したサービスの中には、取引時における税務上の適正な時価を算出してくれる機

能を有しているものもあるので、状況に応じて自分にあったサービスを利用するのもよいでしょう。

　なお、どのような手段を取るにせよ、どのようにして時価を算出したのかの根拠となる情報は、しっかりと保管しておくことをおすすめします。

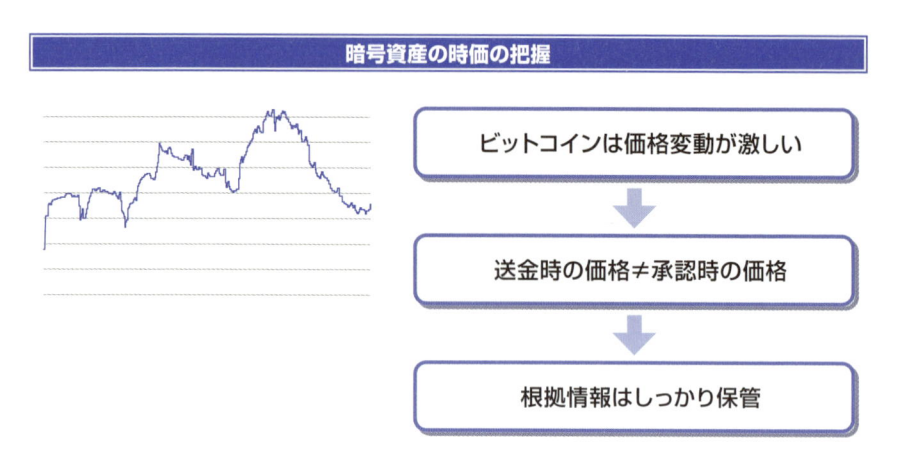

暗号資産の時価の把握

ビットコインは価格変動が激しい

↓

送金時の価格≠承認時の価格

↓

根拠情報はしっかり保管

8-16

国外転出時課税制度（出国税）

2015年度の税制改正により、2015年7月1日以後に国外転出をする居住者を対象とした「国外転出時課税制度（いわゆる出国税）」が導入されました。では暗号資産を持って国外に転出した場合、この制度の対象になるのでしょうか。

▶▶ 国外転出時課税制度（出国税）とは

「**国外転出時課税制度**」は、国内の資産が海外に流出してしまうキャピタルフライト対策として導入されたという背景があります。

日本国内では、株式や投資信託などの有価証券の売却益に対して20.315％の税金が課税されますが、海外には有価証券の売却益に対して課税をしない国や地域があるため、含み益のある株式などを保有したまま、キャピタルゲイン（売買差益）に対して課税されない制度の国や地域に移住し、移住先で株式などを売却すれば、株式などの売却益に対して税金が課されない、つまり課税逃れが可能だったというわけです。

ただそれが行われると、税収の減少や国内の資産が海外に流出してしまうといった、日本の経済にとっても問題となる点が多く、これらを防ぐために、今までは課税されなかった出国時の未実現利益の部分に対して、特例的に課税をすることとなりました。これが国外転出時課税制度（いわゆる**出国税**）制度導入の背景なのです。

▶▶ 国外転出時課税制度の対象者とは？

国外転出時において、次の1. 及び2. のいずれにも該当する居住者が、国外転出時課税の対象者になるとされています。

1. 所有等している対象資産の価額の合計が1億円以上であること。
2. 原則として国外転出をする日前10年以内において国内に5年を超えて住所又は居所を有していること。

　つまり、日本にずっと住んでいる日本人の方であれば、2. の条件はほぼ満たしていることが多いと思われるので、1. の条件である対象資産を1億円以上保有しているのかどうかがポイントになってきます。

　「国外転出時課税制度」の対象資産については、所得税法第60条の2で定められていますが、その内容を要約して書き出すと、おおむね次の資産が対象資産になることになります。

- 有価証券（株式、投資信託など）
- 匿名組合契約の出資の持分
- 未決済の信用取引
- 未決済の発行日取引
- 未決済のデリバティブ取引（先物取引やオプションなど）

▶▶ 暗号資産は国外転出時課税制度の対象資産になるの？

　まずは暗号資産とは法的にどのようなものなのかを確認したいと思います。暗号資産の定義については、資金決済法第2条第5項で規定されています。

（定義）

第二条

5　この法律において「暗号資産」とは、次に掲げるものをいう。

一　物品を購入し、若しくは借り受け、又は役務の提供を受ける場合に、これらの代価の弁済のために不特定の者に対して使用することができ、かつ、不特定の者を相手方として購入及び売却を行うことができる財産的価値であって、電子情報処理組織を用いて移転することができるもの

二　不特定の者を相手方として前号に掲げるものと相互に交換を行うことができる財産的価値であって、電子情報処理組織を用いて移転することができるもの

【資金決済法第2条第5項より一部抜粋】

　これらを見ると、資金決済法第2条第5項で定められた暗号資産については、所得税法第60条の2で規定する対象資産に含まれていません。

　つまり現状では、いわゆる暗号資産については「国外転出時課税制度」の対象資産には該当しないこととされているのです。

　このように法律上では、暗号資産は国外転出時課税制度の対象資産として該当しないため、自由に暗号資産を国外転出させることができます。

　しかし、今後、情勢が変わることで規制の対象となる可能性もあります。自分の暗号資産の取り扱いについて引き続き関係法令に注意する必要があるでしょう。もし難しければ、専門家に聞くという方法もあります。

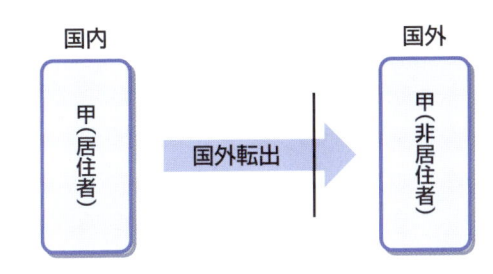

国外転出時課税制度（出国税）

国内　甲（居住者）　──国外転出──→　国外　甲（非居住者）

甲が1億円以上の対象資産を所有などしている場合には、国外転出をするときに所得税の確定申告をする必要があります。

第8章　暗号資産の税務

暗号資産の流出事件でもらった損害補償金に税金はかかる？

暗号資産の流出事件が起きた場合、取引所では日本円などの金銭での補償ではなく、流出した暗号資産と同額の暗号資産を補填するという措置を一般的にとっています。このため、個人の保有する資産に変化が生じることはなく、それに対し税金がかかることはないと考えられます。

ただし、注意しなければならないのが、損害賠償金として支払われるのが暗号資産ではなく、日本円などの金銭の場合です。この場合、金銭での補償ということになり、暗号資産から日本円という異なる資産に変わるため、取得価額によっては税金がかかるケースがあると考えられます。

2018年1月、暗号資産取引所・コインチェック(CoinCheck)がハッキングを受け、保有しているネム（XEM）が不正流出した事件が起きました。この事件が起きた後に、国税庁は「仮想通貨交換業者から仮想通貨に代えて金銭の補償を受けた場合」の課税上の取り扱いを発表しました。

コインチェックでは、不正送金されたXEMの補償について、被害を受けた保有者全員に対し、XEMを88.549円で換算して日本円で返金するという内容に落ち着きましたが、これに対して、コインチェックの日本円による補償は、XEMを円で売却した場合と同様に雑所得として課税されることになりました。

コインチェックのケースでは、流出したすべての暗号資産が日本円に換算して補填されたわけですが、それ以外でも課税されるケースがあります。たとえば、市場での流通量が乏しい暗号資産の場合、消失した数量相当の暗号資産で調達することが難しいために、半分を暗号資産で補填し、残りを日本円で補填するようなケースです。この場合は、日本円で補填された部分に課税されることになります。

ただし、損害補償金の計算の基礎となった1単位当たりの暗号資産の価額がもともとの取得単価よりも低い場合には、雑所得の金額の計算上、損失が生じることになります。暗号資産による所得は、他の所得と合算して所得を計算する雑所得です。損失が出た場合は、その損失を他の雑所得の金額と通算することができます。

ICOの基礎知識

ICO とは、Initial Coin Offering のことで、新規公開暗号資産を活用した資金調達の方法です。この章では、投資家の視点から、ICO を活用した資金調達の仕組みや、実際にどのような方法で ICO を行うのか、ICO のメリット、デメリット、世界の ICO の事情などを紹介します。成功すれば大きなリターンが見込める ICO ですが、一方で実績のないプロジェクトも多く、リスクも高いことが指摘されています。ICO の最新事情について伝えていきます。

9-1

ICOとは

新しい事業のために資金を調達する方法としてIPO（新規公開株）という方法がありますが、株の代わりに暗号資産を使って資金を調達する方法としてICOというものがあります。一体ICOとはどのようなものなのでしょうか。

▶▶ ICOとは

ICOとは、Initial Coin Offeringの略で**新規公開暗号資産を使った資金調達**のことを指します。企業や団体は独自の暗号資産**トークン**を発行し、コストや時間を抑えて多額の資金を集められる可能性があります。一方、出資者としてはトークンが取引所に上場され値が上がれば、巨額の利益を得ることができる可能性があります。

▶▶ ICOとIPOの違い

ICOと似た資金調達方法として**IPO**があります。IPOとは、Initial Public Offeringの略で、新規公開株式を意味し、新規に上場する企業が株式を発行して市場から資金を調達するという方法のことを指します。

ICOとIPOの違いとしてまず考えられるのが、その発行のハードルの違いです。IPOで株式を発行するためには証券取引所に上場する必要があり、その審査のハードルは非常に高いと言えます。一方、ICOには特定の取引所や金融機関が存在せず新しい暗号資産を誰でも新規に発行することができるため、スピーディーかつスムーズに資金調達をすることが可能です。

また、出資者側には議決権や優待制度といった違いがあります。IPOにより株式を購入した場合、その株式を発行した会社の議決権を与えられ、株主総会に参加したり、株主優待制度により様々なサービスを受けることができたりします。一方で、ICOに出資しても、議決権や優待制度といったものは一切ありません。

ICOのメリット

一見出資者側にメリットのなさそうなICOですが、実は様々なメリットがあります。たとえば、ICOに出資することで受け取るトークンですが、暗号資産の取引所に取り扱われるようになると、他の暗号資産のように売買することができるようになり、トークンが導入されているサービスなどで利用することが可能です。

また、トークンの価値が上昇したところで売却すれば、多額の利益を得ることができる可能性があるため、ICOに参加するほとんどの人たちは、この値上がり益を目当てにしているとも言えるでしょう。

ICOのデメリット

ICOのデメリットとして、まずは「資金を失うリスク」が考えられます。トークンの価格は高騰する可能性がありますが、一方で暴落の可能性もあります。またプロジェクトが途中で中断され、トークンが暗号資産の取引所に取り扱われることなく終了してしまうケースもあります。

他にも、ICOには今のところ株式市場のように法整備が整っていないため、様々な規制がなく自由である反面、投資家保護の環境が整っておらず、詐欺案件が多いことも事実です。

ICOに出資する際には、十分な注意を払って参加することが重要でしょう。

第9章 ICOの基礎知識

ICOとは

事業者がトークンの発行をし、そのトークンを投資家が暗号資産などで購入します。取引所で扱われるようになると、トークンを別の投資家に売買することも可能です。

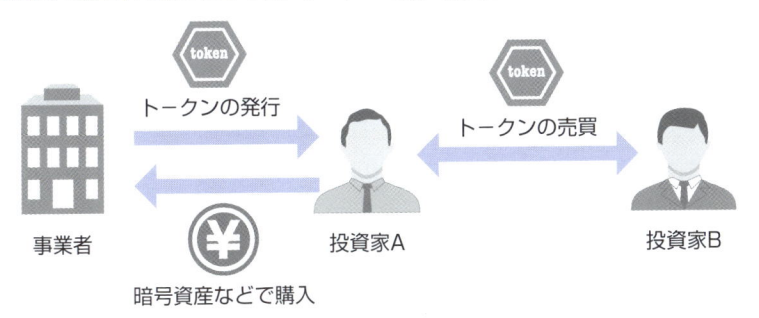

トークンの発行　トークンの売買

事業者　　投資家A　　投資家B

暗号資産などで購入

9-2
トークンとは

暗号資産取引をしていると、「トークン」という言葉を聞くことがあります。ICO でも企業や団体がトークンを発行するとありましたが、「トークン」とは一体何で、「暗号資産」と「トークン」は何が違うのでしょうか。

▶▶ そもそも「トークン」とは

トークンという言葉を辞書で調べると、しるしや象徴といった主な意味があり、そこから派生して代用貨幣といった意味を持つといったことが書かれています。つまりトークン自体は、法定通貨の代わりとして商品の購入やサービスを受けるために利用することができるもののことを指しています。具体的には、Amazonポイントや楽天ポイントといったポイントサービス、電車を利用する際の交通系IC、お店のスタンプカードなどもトークンと言うことができます。

▶▶ 暗号資産におけるトークン

暗号資産が法定通貨の代わりとして商品の購入などに利用できるという点では、暗号資産とトークンは同じものなのでは？　という疑問を持つ方もいるかもしれません。広義では暗号資産もトークンと呼ぶことができ、その考え方は基本的には間違っていませんが、暗号資産の世界では、暗号資産とトークンに一定の違いを設けています。

▶▶「暗号資産」と「トークン」の違い

暗号資産の世界でのトークンとは、既存のブロックチェーン技術を利用する形で発行された通貨のことを指します。通常、ビットコインやイーサリアムなどの暗号資産は、それぞれ独自のブロックチェーンを持っていますが、それに対しトークンは、既存の暗号資産プラットフォームのシステムを間借りしている形のため、独自のブロックチェーンを持っていません。

　つまり、一言で暗号資産とトークンの違いを説明するなら、諸説ありますが、次のように考えることもできます。

- ●独自のブロックチェーンを持つもの＝暗号資産
- ●独自のブロックチェーンを持たないもの＝トークン

▶▶ トークンの特徴

　トークンの特徴として、トークンは企業や団体・個人などで発行することができることが挙げられます。たとえば、株式を上場させる場合には証券会社などの支援が必要ですが、トークンは仲介業者などを介さず発行することができるため、資金調達をしたい企業やプロジェクトなどが、その手段としてICOを通じて独自のトークンを発行することが一般的な流れです。

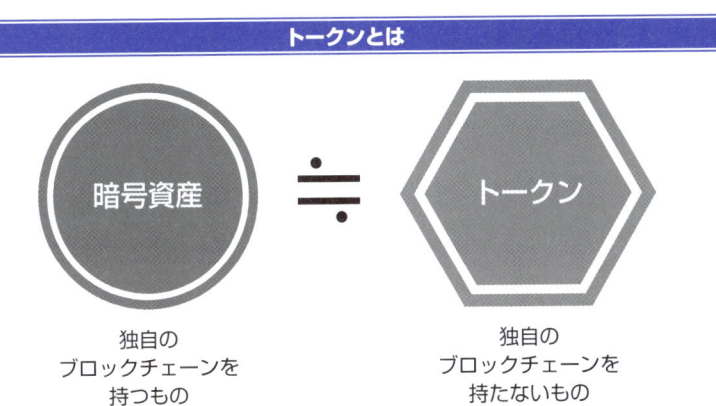

トークンとは

暗号資産　≒　トークン

独自の
ブロックチェーンを
持つもの

独自の
ブロックチェーンを
持たないもの

第9章　ICOの基礎知識

9-3 ICOのトークンはどうやって売買する？

ICOのトークンは、暗号資産の取引所で購入することはできません。では、ICOに投資しトークンを購入するためには、どのような手順を踏む必要があるのでしょうか。順番に確認していきましょう。

▶▶ ICOに投資してトークンを購入するための5つのステップ

ICOに投資しトークンを購入するためには、一般的に次の5つの手順をたどることになります。

①どのICO案件に投資するかを決める
②投資用の暗号資産を購入する
③トークン専用のウォレットを作成する
④投資用の暗号資産を送金する
⑤トークンを受け取る

では、それぞれについて見ていきましょう。

▶▶ どのICO案件に投資するかを決める

まずは、どのICO案件に投資をするかを決めましょう。そのプロジェクトが信用できるものか、発行者は信頼に足るかどうかなど、発行元のサイトや情報、ホワイトペーパーなどを確認する必要があります。ICOに投資するプロセスにおいて、この案件選びが最も時間をかけるべきであり、ICOへの投資が成功するかどうかはここですべてが決まると言えるでしょう。

▶▶ 投資用の暗号資産を購入する

ICOのトークンを購入するための支払いは、基本的にイーサリアムやビットコイ

ンで行われることが多いため、暗号資産を持っていない場合には、支払い用の暗号資産を用意する必要があります。取引所で支払い用の暗号資産を購入しておくようにしましょう。

▶▶ トークン専用のウォレットを作成する

トークンを受け取るためのウォレットを作成しておきます。暗号資産取引所のウォレットではなく、トークンに対応しているウォレットを作成する必要があります。事前にトークンに対応するウォレットを調べて作成するようにしましょう。

▶▶ 投資用の暗号資産を送金する

ウォレットの作成が完了したら、指定されたアドレス宛に暗号資産を送金しましょう。アドレスの間違いには十分に注意してください。

▶▶ トークンを受け取る

暗号資産を送金すると、決められた期日にトークンが送られてくるので、そちらを受け取りICOの一連の手順は完了です。あとは値上がりを期待してそのまま保管しておくことになります。なお、トークンによっては企業や団体のサービスを受けることができるものもあります。

ICOのトークンの売買の手順

①どのICOに投資するかを決める

②暗号資産を購入する

③ウォレットを作成する

④暗号資産を送金する

⑤トークンが届くのを待つ

第9章　ICOの基礎知識

9-4

ICOのリスク

ICOは実体や実績のないプロジェクトも多く、成功すれば大きなリターンが望める一方で、計画の遅れやプロジェクトの中止などによって、投資した資金が無価値になってしまうことも少なくありません。ICOにはどのようなリスクがあるのでしょうか。

▶▶ 詐欺的なICOがある

ICOはIPOと違って特段の審査を受けることなく、簡単に資金を調達することができるため、悪質な発行者が紛れ込む可能性も少なくありません。魅力的なプロジェクトのように見せかけて、資金調達後に姿を消してしまうといった詐欺事案も横行しています。

▶▶ プロジェクトが失敗する可能性がある

仮に投資したプロジェクトが詐欺的なものでなくても、計画通りにプロジェクトが進まなかったり、プロジェクト自体が途中で中止になってしまい、トークンの価値が無価値になってしまう可能性もあります。事業が計画通りに進まないことは、何も暗号資産業界に限ったことではありません。

▶▶ ICO関連の法整備が整っていない

日本で実施されるICOは、資金決済法や金融商品取引法などの規制対象となるものもありますが、実際にはICO関連の法整備はまだまだ追いついておらず、規制のグレーゾーンをついてトークンを発行する団体があったり、犯罪が疑われる不正なICOがあったとしてもそれらを罰するための法律が整備されていなかったりというのが現状です。万が一トラブルに巻き込まれても法的な救済は受けられず自己責任で終わってしまうことも多いようです。

▶▶ トークンを購入する時に注意すべきこと

　まずICOに投資をするときは、投資したお金がゼロになってしまうリスクがあることをしっかりと理解しなければなりません。ICOは莫大な利益を得られる可能性がある反面、そういったプロジェクトはごく少数で、成功する確率が非常に低かったり、そもそも詐欺案件のプロジェクトも多い、ハイリスク・ハイリターンな投資であると言えるのではないでしょうか。

　そのため、少しでも投資のリスクを低くするためには、ICOを行うときに公開されるホワイトペーパーをしっかりと確認し、トークンを発行する団体が信用できるものなのかや、プロジェクトの良し悪しや将来性をしっかりと理解することが重要です。

ICOのリスク

●詐欺的なICOが横行している。
●プロジェクトが失敗してトークンが無価値にする可能性がある。
●ICO関連の法整備が整っていない。

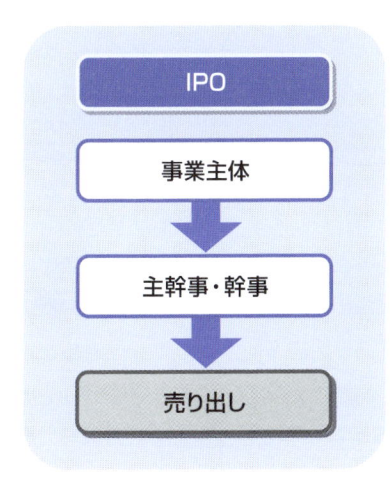
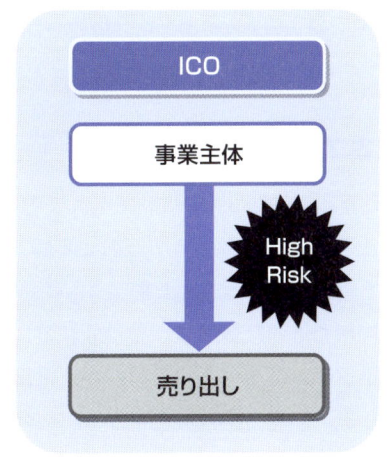

世界のICO事情

暗号資産取引の盛り上がりを背景にICOもバブル化したため、ICOへの参加人口が急増し、それに伴って詐欺的なICOも増加しました。そのような状況を踏まえ、各国ではICOに対する規制や法整備を進めています。

▶▶ ICOへの対応が国ごとに異なる理由

ICOは、特段の審査がなくトークンを発行できる点から資金調達が容易であり、世界に向けた資金調達が可能であることから、様々な国で行われています。特段の審査がなく資金調達が容易であるというのは、メリットでもありデメリットでもあります。

メリットとしては、ICOがスタートアップ企業の支援につながるという視点から規制を行っていない国もあります。一方で、デメリットとしては、詐欺的なICOが非常に多いという視点から、投資家を保護するためICOを全面的に禁止している国や、トークンの購入に対して規制を進めている国もあります。

▶▶ 日本でのICO規制状況

日本国内のICOへの規制状況としては、金融庁による投資家への注意喚起や、資金決済法や金融商品取引法などに基づく規制や調整がされるなど、規制強化に向けて動いていると言えます。

現状ではまだ資金決済法改正に向けた議論も始まったばかりで、見通しとしては不透明な部分も多いのですが、将来的には資金決済法の改正を始めとした法整備が進み、何らかの規制やガイドラインが策定されるでしょう。それにより、長期的に見れば詐欺などが減り、一方で規制を無視してICOを実施する企業や団体は取り締まられるようになり、安心してICO投資が行えるようになる可能性も高くなるのではないでしょうか。

▶▶ 世界各国のICO規制状況

　各国により異なるICO規制への対応状況ですが、全体的には日本同様に規制を進めていく傾向にあるようです（2019年11月現在）。

◆中国

　中国では、国内でのICOが全面的に禁止されています。

◆韓国

　韓国も、中国同様ICOが全面的に禁止されています。ただ、韓国はブロックチェーン技術の普及には積極的な一面を見せているため、今後の動向を見守る必要があるでしょう。

◆アメリカ

　アメリカでは、トークンが米国証券法の有価証券に該当するかどうかにより、その規制が適用されるとしています。

◆ロシア

　ICOを行うには約1億ルーブルの名目資産を有することなどを条件とするライセンスの取得が義務づけられています。

◆ドイツ

　ドイツ連邦金融監督庁（BaFin）がICO規制に関するガイドラインを発表し、既存の金融関連の法律の枠組み内で規制を行っています。

◆イギリス

　イギリス金融監督官庁による注意喚起が行われていましたが、ICOトークンは金融商品に含まれるとされ、サービス提供には認可が必要となりました。

世界のICO事情（2019年11月現在）	
規制に対するスタンス	**国**
ICOを禁止する国	中国、韓国
ICOを既存の枠組みで規制しようとしている国	アメリカ、ドイツ、イギリス
ICO特有の規制を構築する国	ロシア

第9章
ICOの基礎知識

新たな資金調達の仕組みとして注目を集めるICO

　本編で紹介した通り、ICO(Initial Coin Offering)は、企業などの発行体が電子的にトークン(証票)を発行して、広く資金調達を行うことです。トークンを発行して販売するので、トークンセールとも言われることがあります。ICOによる資金調達方法はIPO（新規公開株）のようなイメージではなく、インターネットで資金調達を行うクラウドファンディングにイメージが近いと思います。

　一般的にICOでは、ICOで集めた資金の使い道やプロジェクトの内容、トークンの販売方法などが書かれた、ホワイトペーパーと呼ばれる文書があります。それを見て内容を理解した上で、投資をすることが原則になっています。ところが、ICOの中には、ホワイトペーパーそのものが存在しなかったり、プロジェクトが実施されなかったりして、その実体の8割近くは詐欺という調査結果もあります。

　このため各国ではICOを規制する動きが活発化しています。中国や韓国では禁止の意向が出ていますが、すべてを禁止するのは問題だという意見も出ています。日本は新たな資金調達方法として規制すべきものは規制して、活用できる仕組みは残しておこうというスタンスに変化してきています。

　マイナスのイメージが先行するICOですが、ICOによる資金調達の歴史は2013年頃から始まったと言われており、年を追うごとに発行体の種類も多様化し、調達額も膨大になりつつあります。

　最も多い発行体は民間企業が中心ですが、地方自治体などにもICOは広がっています。たとえば、海外ではアメリカのバークレー市や韓国のソウル特別市、ブラジルのサンパウロ市、日本では岡山県西粟倉村や長崎県平戸市で、自治体と連携した民間団体がICOの活用を検討しています。

　また、マーシャル諸島共和国では、独自の暗号資産を発行する法案が2018年に可決されており、ICO によって2018年1月から10月末までで約167億ドルの資金調達を成功させています。

　クラウドファンディングのように、ICOを活用した地域再生や新事業立ち上げなど夢のある投資先が増えていくのではないでしょうか。

暗号資産の新潮流

最終章となる第 10 章では、暗号資産の新しい動きや将来への展望について紹介します。具体的には、アメリカのフェイスブックがリリースする「リブラ（Libra）」が目指すものや、日本での暗号資産の新潮流について紹介していきます。暗号資産の投機的な面よりも利便性に注目した新しい暗号資産の登場や、利便性を維持するためにどのような仕組みがあるのか、利便性を追求することによってどのような発展が見込めるのかなど、暗号資産の将来について注目する章です。

10-1
リブラ（Libra）

2019年6月、米大手SNSのフェイスブックが独自の暗号資産「リブラ」をリリースすると発表しました。各方面で様々な反響を呼んだリブラですが、一体どのような暗号資産なのでしょうか。

▶▶ リブラとは

ビットコインをはじめとする暗号資産は、どの通貨も価格変動が激しく、投機・投資の対象として見ている人がほとんどではないでしょうか。もちろん、暗号資産はその種類ごとに様々な特徴や目的を持っていてそれぞれのプロジェクトに従って動いているのかもしれませんが、これでは通貨本来の目的である価値の尺度、価値の保存、価値の交換のための手段として実用化するのは難しいと考え、リブラは通常の暗号資産とは違い価格変動が起こりにくい仕組みを取り入れ、世界共通のお金というものを実現させようとしているのです。

▶▶ リブラが目指すもの

リブラが目指しているのは、**世界の金融インフラを整えること**です。たとえば、日本ではお金は銀行に預けるのが当たり前ですが、世界規模で見ると実に地球人口全体の約31%に及ぶ約17億人の人が銀行口座を持っていないと言われています。このような人たちでもリブラを使うことにより個人で簡単に資産を保管・管理することができ、またウォレットを利用することで送金や決済もできるようになるとされています。

銀行口座をすでに持っている人にとっても、たとえば国際送金をする場合には高い手数料と着金までの長い日数が必要ですが、暗号資産の技術を使ったリブラを使えば、非常に安い手数料でウォレットからすぐに送金を行うことができるようになります。まさに世界共通のお金になると言われています。

▶▶ 価格変動が起こりにくい仕組み

　リブラに価格変動が起こりにくい理由は、リブラには価値を担保するための裏づけ資産があるためです。ビットコインやイーサリアムなどの暗号資産は裏づけされた資産がないため、需要と供給のバランスにより価格の変動が起こります。

　リブラの場合、前述の通り資産、つまり法定通貨によって裏づけがされているため、需要と供給のバランスに関わらず価格の変動が起こりにくい仕組みになっています。なお、裏づけ資産となる法定通貨には、米ドル、ユーロ、日本円、英ポンド、シンガポールドルなどを予定しているとの発表もありました。

　リブラは発表から数か月で実にたくさんの情報が発信され、様々な賛否の声が聞こえてきていますが、今後どのようになっていくのか注目していきたいところです。

リブラの仕組み

リブラは価格変動が起こりにくい仕組みを取り入れ、
世界共通のお金というものを実現させようとしています。

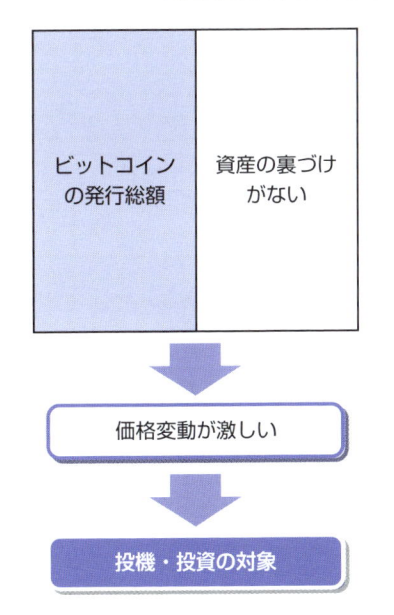
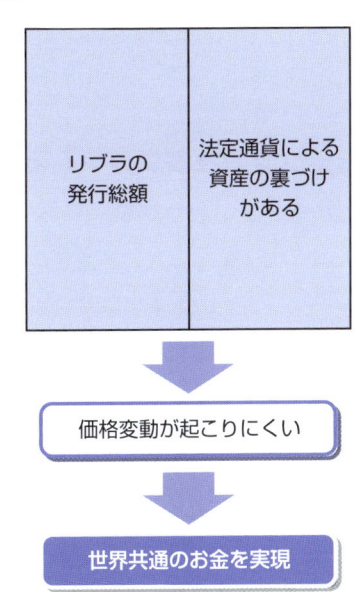

第10章　暗号資産の新潮流

10-2
Sコイン

Sコインは、SBI ホールディングスが主体となって開発を行っている暗号資産です。SBI ホールディングスはSBIバーチャルカレンシーズ（暗号資産取引所）を運営するなど暗号資産に対して非常に積極的な姿勢を見せています。

▶▶ Sコインとは

SコインはSBIホールディングスが発行する暗号資産で、その目的はSコインプラットフォームを小売店舗などでの決済手段として普及させることにあります。そのため、Sコイン最大の特徴は、オープンプラットフォームとしての構想にあると言えるでしょう。

ここで言うオープンプラットフォームとは、地方自治体や企業が、独自の通貨を低コストでかつ簡単に独自通貨を発行できるプラットフォームのことで、地域ごとの特徴を持った独自の経済圏で利用できる通貨を発行し、それが活用されることで、地域の活性化につながるといったメリットがあります。

▶▶ Sコインプラットフォームとは

Sコインはオープンプラットフォームとしての役割を持っていますが、**Sコインプラットフォーム**とはどのようなものなのでしょうか。

Sコインプラットフォームは、SBIホールディングスが開発を進めている決済用プラットフォームで、次の3つの価値を目指すと発表されています。

1. いつでも・どこでも安心して利用できる日常通貨
2. 決済コストの大幅な低減
3. 決済していることを意識させないフリクションレスペイメント

これらが実現すれば、公開されたプラットフォームを利用し、地方自治体、事

業会社、地域金融機関などは、大きな初期投資を必要とせず、それぞれの地域のニーズに合った独自のコイン（地域通貨）を簡単に発行することができるようになり、それらコイン同士の交換も可能になるとされ、注目が集まっています。

▶▶ 将来的なメリット

　このようなSコインプラットフォームは、導入した企業や団体、利用者の双方にメリットがあります。導入者側のメリットとしては、独自コインを安価で簡単に発行できることや、消費者の動向がわかりやすくなること、管理コストなどの削減が挙げられ、利用者側のメリットとしては、小銭やカードが不要になるといったキャッシュレス化、セキュリティーの強化、土日でも即時入金が可能になることの他に、各種手数料が安くなることなどが考えられます。

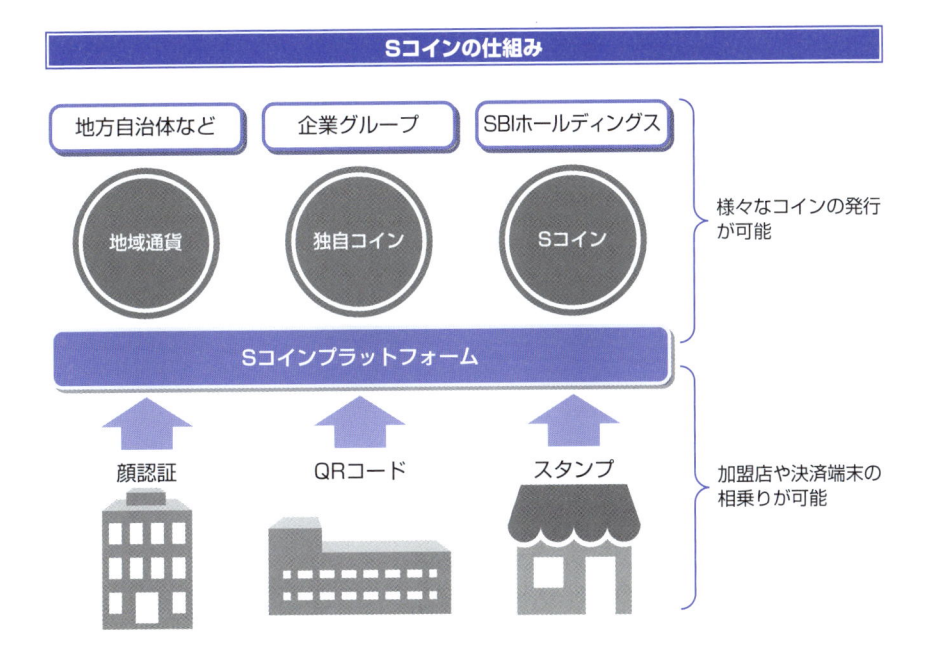

Sコインの仕組み

| 地方自治体など | 企業グループ | SBIホールディングス |

地域通貨　　独自コイン　　Sコイン

様々なコインの発行が可能

Sコインプラットフォーム

顔認証　　QRコード　　スタンプ

加盟店や決済端末の相乗りが可能

第10章　暗号資産の新潮流

10-3
Jコイン

Jコインとは、みずほフィナンシャルグループ・ゆうちょ銀行・数十の地方銀行が共同で開発を進めている暗号資産です。Jコインとは一体どのようなものなのでしょうか。

▶▶ Jコインの特徴

Jコインとは、みずほフィナンシャルグループ・ゆうちょ銀行・数十の地方銀行が共同で作った暗号資産です。

Jコインは、ビットコインなどの他の暗号資産と違い、**価格変動をすることがなく、常に円と同等の価値を持つ**という特徴があります。つまり、1コイン＝1円とすることで、安定した通貨として保有し、日常的に使うことができるのです。

一方で、今現在あるSuicaやPASMO、楽天Edyなどの電子マネーと大差がなく、むしろ新しい通貨であるがゆえに使える場所が少ないと言われていますが、Jコインはブロックチェーン技術を使った暗号資産ですので、今後ブロックチェーン技術の特徴を生かした活用がなされていくものと考えらます。

▶▶ Jコインのメリット

Jコインは、利用者にとっても銀行にとってもメリットがあります。まず利用者側のメリットとしては、スマホ1つで簡単に決済ができることや送金手数料が安いことが挙げられるでしょう。特にJコイン専用口座を持っている個人間同士であれば、手数料無料でいつでも送金ができるとされています。また銀行側にとってもメリットは大きく、最大のメリットはJコインを通して行われた決済の情報をビッグデータとして活用できることが挙げられます。同時に、キャッシュレス化が進むことによって、現金決済にかかる人件費やその他のコストを削減できることもメリットの1つと言えるでしょう。

▶▶ Jコインのデメリット

　メリットがあればデメリットもあります。利用者側のデメリットとしては、現時点では電子マネーやすでに利用されている決済サービスのPayPayやLINE Payなどと使い勝手もほぼ一緒な割に、使える場所が少ないことが挙げられます。これは利用者側には大きなデメリットなので、今後に期待したいところではあります。

　また、価格変動がないJコインは、他の暗号資産のように投資目的で保有することには向いていません。投資目的で暗号資産を保有しようと考えている人は注意が必要です。

　他に銀行側のデメリットとしては、手数料収入の減少が考えられます。Jコインによるキャッシュレス化が進めば、銀行の収入源であるATM手数料が大幅に減少します。ただ、Jコインが普及し機能すれば、そのメリットによりATM手数料の減少による減収は一時的なものになるかもしれません。

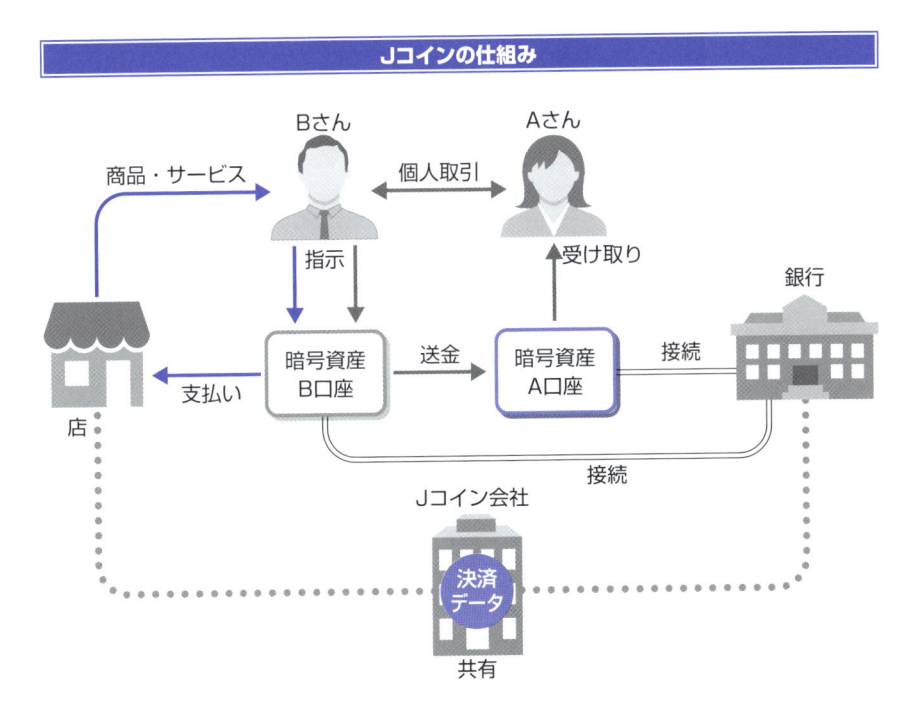

Jコインの仕組み

Bさん
Aさん
商品・サービス
個人取引
指示
受け取り
銀行
店
暗号資産B口座
送金
暗号資産A口座
接続
支払い
接続
Jコイン会社
決済データ
共有

第10章　暗号資産の新潮流

10-4

MUFGコイン

MUFGコインとは、日本のメガバンクの1つ、三菱UFJ銀行が率いる三菱UFJフィナンシャル・グループが、ブロックチェーン技術を活用して開発・実験中の暗号資産です。MUFGコインとは一体どのようなものなのでしょうか。

▶▶ MUFGコインの特徴

MUFGコインとは、三菱UFJフィナンシャル・グループがブロックチェーン技術を活用して開発している暗号資産です。利用者がスマートフォンにアプリをダウンロードすると、そのアプリだけで送金や買い物の際にMUFGコインで決済をすることができるようになる予定です。また、ブロックチェーン技術を利用することで、素早く手数料を抑えた送金が可能であるといった特徴があります。

他にも、MUFGコインは、暗号資産でありながら円に連動するステーブルコインとして、1コイン＝約1円をキープする仕組みが取られています。これにより利用者は安心してMUFGコインを使用することができるわけです。

▶▶ MUFGコインのメリット・デメリット

MUFGコインのメリットとしては、スマホ1つで様々な決済ができるようになることが挙げられますが、中でも**マイクロペイメント**の活性化には大きく影響するのではないかと言われています。

マイクロペイメントとは10円などの少額決済のことを言いますが、現在クレジットカードなどで少額決済を行うと手数料が決済金額よりも高くなってしまうといった問題があります。そこで暗号資産であるMUFGコインを利用することで、少額でも低い手数料で決済を行うことができるようになります。

また、取引の履歴を追跡することができるブロックチェーン技術を使ったMUFGコインは、マネーロンダリングにも効果的であり、社会的なメリットも大きいと言えるでしょう。

　一方デメリットとして、利用者はMUFGコインの決済により、確定申告を行わなければならなくなることが挙げられるでしょう。MUFGコインは1コイン＝約1円とはされているものの、多少は価格変動をしているため、現在の税制では、取引の状況によっては確定申告が必要になる場合があると考えられます。

　他に銀行側にとってはJコイン同様、手数料収入が一時的に減少することが考えられます。

▶▶ Jコインとの違い

　JコインとMUFGコインは、スマートフォン1つで決済や送金を可能にするといったキャッシュレス化を目指しており、機能面では双方に大きな違いはないと言われています。

　ではそれぞれの違いは何なのでしょう。その違いはコインの目指す価値にあるとされています。Jコインが1コイン＝1円であるのに対し、MUFGコインは1コイン＝約1円と固定されていません。これは1コイン＝1円に固定してしまうとMUFGコインは法律上暗号資産と扱われないため、資金決済法により100万円以上の決済・送金ができなくなります。そうなるとMUFGコインの利便性が下がるため、これを回避するために1コイン＝約1円としているのです。

　つまり、MUFGコインは、法的に暗号資産と扱われるのを目指しています。一方、Jコインは1コイン＝1円と固定することにより、通貨建て資産としての扱いを目指しています。

MUFGコインの特徴			
	発行者・運営者	利用者同士のやりとり	法定通貨との交換
暗号資産　MUFGコイン	三菱UFJ	できる	比率は一定（1コイン＝約1円）
暗号資産　ビットコイン	なし	できる	比率は変動（投機の対象になりうる）
電子マネー　Suicaなど	JR東日本など	できない	法定通貨をチャージ

第10章　暗号資産の新潮流

10-5
ブロックチェーン技術と地域通貨

2000年代前半にブームを迎えた地域通貨ですが、2005年頃から徐々にブームが失速し下火になっていました。しかし、最近になってブロックチェーンを利用した地域通貨が登場し、再び注目が集まっています。

▶▶ 地域通貨とは

地域通貨とは、円やドルのような法定通貨ではないが、特定の地域やコミュニティ内においてのみ価値を持つ通貨のことです。

地域通貨が生まれた理由としては、地域経済の停滞が挙げられます。たとえば、都市部に人口が集中することで地方の過疎化が進み、地域人口が減少することにより地域経済が停滞します。この停滞した地域経済を活性化させるために生まれたのが地域通貨なのです。

日本での地域通貨ブームのきっかけは、1999年に発行された地域振興券でした。その後、地方自治体や商工団体などがこのアイデアを利用して、様々なプレミアをつけた地域限定の商品券を発行し消費を喚起することにより、地方の活性化を図ろうとしたのです。

2000年代前半には地域通貨ブームが到来し、その発行数は徐々に伸びていきましたが、2005年頃からブームは下火になり、今では地域通貨はすっかり忘れ去られた感のあるものとなってしまいました。

ブームが去った地域通貨ですが、暗号資産の急成長に伴って復活の兆しが見えてきています。そもそも、地域通貨ブームが下火になった理由の1つに、偽造されにくくする印刷や安全な保管方法、発行・管理に予想外のコストがかかっていたというものがあるのですが、暗号資産に使われているブロックチェーン技術が、まさにその問題を解決する可能性を秘めていたのです。

▶▶ ブロックチェーンを利用した地域通貨の事例

◆さるぼぼコイン

　2017年5月、岐阜県の飛騨信用組合が「さるぼぼコイン」の実証実験を始め、12月4日に一般市民向けに正式運用を開始しました。高山市、飛騨市、白川村限定の地域通貨で、あらかじめ専用アプリでチャージをしておけば店舗のレジにあるQRコードをスマホアプリで読み取り決済することができ、ビットコイン払いのお店とほぼ同じイメージとなっています。

◆NeCoban

　静岡銀行やマネックスグループ、富士市吉原商店街振興組合などが参画し、2016年9月、静岡県富士市で株式会社Sound-FinTechが地域通貨「NeCoban」の実証実験を始めました。同地域内の店舗で、QRコードを利用して割引サービスを受けられるクーポン券のような仕組みで、利用者にとってメリットがある一方、店側にとってもセールの情報を発信できるなどのメリットがあり、地域通貨にとってブロックチェーンを利用して何ができるのかという検証としては、一定の成果が得られたとされています。

◆湖山ポイント

　マラソンなどのイベントで都内近郊から訪問者は多いが、訪問者が市内のサービスを利用する機会が少なく、消費につながっていないという問題を抱えた茨城県かすみがうら市が、市民と訪問者を対象に始めた地域通貨です。利用者が市内のイベントやボランティア活動などに参加した際に、会場のQRコードを読み取ることでポイントを得られ、得たポイントは市内の店舗利用時に代金として利用できることで市内サービスの消費を促しています。

▶▶ 地域通貨のメリットとは？

　こうしたブロックチェーン技術を生かした地域通貨の最も大きなメリットは、決済システムの導入のハードルを低くすることができたということです。

　クレジットカードや電子マネーでは、ICカードリーダーのような機器を導入しなければ、消費者が利用できないという難点がありました。これでは提供する人や

第10章　暗号資産の新潮流

企業に、コストと手間がかかってしまいます。

　ところが、地域通貨の場合、QRコードだけで決済ができるようになります。QRコードだけなので、決済システムも簡単なものにすることが可能です。

　たとえば、農業が盛んな地域では、無人販売所にQRコードを掲げておけば、そこでスマートフォンで簡単に決済することができるのです。消費者はもとより、提供者にとっても手軽で便利な決済システムが、簡単に導入できるのです。

　具体的には、2018年10月から木更津市、木更津市商工会議所、君津信用組合では、電子地域通貨「**アクアコイン**」の商用展開を行っています。利用者はスマートフォンのアプリケーションをダウンロードして、1円＝1コインとしてアクアコインをチャージ。木更津市内の加盟店に設置してあるQRコードを読み取るだけで支払いができるという仕組みです。

　2018年3月28日から6月24日の3か月間、職員など901名を対象とした実証実験を行いました。当初、売上目標は3,000万円だったのですが、好評につき売上実績は約4,149万円、4,852件の利用実績を挙げ、商用に展開することになりました。2019年11月13日現在、加盟店舗は496店舗となっています。

　参加店のメリットは、前述したようにクレジットカード、電子マネーと比べて導入が簡単なこと、決済の負担が少ないということ、利用者が支払った現金は翌営業日に現金化できるということ、アプリ内に店舗情報を無料掲載できるということなど、様々あるようです。

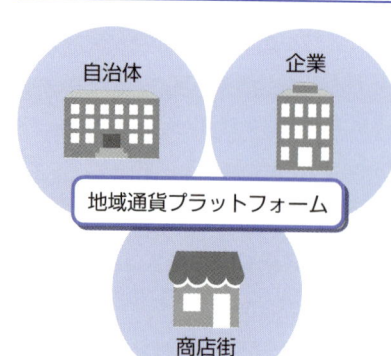

ブロックチェーン技術と地域通貨

自治体

企業

地域通貨プラットフォーム

商店街

自治体・企業・商店街が三位一体となって
地域の経済発展を目指す。

暗号資産の未来はどうなる!?

　2019年11月現在、フェイスブックが発行体となる暗号資産リブラ（Libra）への世間の風当たりは日増しに強くなっています。当初、予定していた2020年前半でのスタートは延期せざるを得なくなり、参加企業が脱退するという事態も発生しています。

　リブラの運営母体となるリブラ協会は、発足した2019年6月当初、28社が参加を表明していましたが、Paypal、eBay、MasterCard、Visaなどが次々と脱退を表明して、大手の決済企業はすべて脱退することになりました。

　しかし、その一方で約1,500を超す企業がリブラに興味を持ち、そのうち約180の企業がリブラに参加できる基準を満たしているとリブラ協会は公表しています。今後、実績を着実に積むことで世界中の企業を加えて成長していくと考えられています。

　一方、全世界で20億人のユーザーを持つフェイスブックのリブラが一般的に普及すれば、様々な問題が起きると、金融学の専門家や経済学者などから指摘されています。たとえば、ステーブルコインであるリブラの準備金の価値が下がったときにリブラの取り付け騒ぎが起きる、各国の金融政策をないがしろにする、反社会的組織の資金洗浄に使われるなどです。

　しかしながら、リブラが社会に通貨として根づいていれば、急激な取り付け騒ぎが起きることは考えにくいことですし、自国の通貨が信じられず、インフレが起きている国では、むしろリブラを持とうという意識が強くなることが考えられます。また、ドルをはじめとした法定通貨の裏づけがあるリブラでは、金融政策をないがしろにすることは難しいとさえ考えられます。反社会的組織の資金洗浄に使われる可能性もありますが、それ以上に既存の銀行のネットワークが資金洗浄に使われている可能性のほうが高いものです。

　新しい技術が広がるときには、デメリットばかりが注目されますが、もっとメリットにも注目すべきでしょう。

索 引
I N D E X

索引

【著者紹介】

堀 龍市（ほり りゅういち）

税理士。堀 龍市税理士事務所代表。ランチェスター財務株式会社代表取締役。

大阪府出身、大阪府立大学卒。一般企業勤務後、父親が経営する会社に後継者候補として転職するも、父親が税理士のアドバイスに従って経営改善をした結果、状況がみるみる悪化していくのを目の当たりにし、会社の解散を提案。必死で会社を支えている社長を経営面からサポートできる税理士を目指し、税理士資格を取得。

また、ランチェスター経営の第一人者、竹田陽一氏に師事。「大企業にできない中小企業ならではの戦略」を学ぶ。

現在は「中小企業の社長と従業員とその家族が幸せになれば、世の中が幸せになる」を合言葉に、クライアントの売り上げ向上と税金対策に携わっている。

暗号資産についても、顧客に投資家が多いこともあり、造詣が深い。

著者に『99％の社長がカン違いしていること』（あさ出版）、監修に『図解個人事業のはじめ方がよ〜くわかる本』（秀和システム）。

編集協力　宇治川 裕

図解入門ビジネス

最新 暗号資産の基本と仕組みがよ〜くわかる本

発行日	2019年 12月 25日	第1版第1刷
	2022年 6月 1日	第1版第4刷

著 者　堀 龍市

発行者　斉藤 和邦

発行所　株式会社 秀和システム

〒135-0016
東京都江東区東陽2-4-2　新宮ビル2F
Tel 03-6264-3105 （販売）　Fax 03-6264-3094

印刷所　三松堂印刷株式会社　　Printed in Japan

ISBN978-4-7980-6023-1 C0033